Mit kleinen Übungen und Spielen die Konzentration fördern

Klasse 1/2

Inkl. Kopiervorlagen und Lösungen

Verlag an der Ruhr

Impressum

Titel
Mit kleinen Übungen und Spielen die Konzentration fördern – Klasse 1/2
inkl. Kopiervorlagen und Lösungen

Autorin
Sabine Kelkel

Umschlagmotive
Foto © Africa Studio, Kringel © Ron_Dale – beides stock.adobe.com

Druck
Heenemann GmbH & Co. KG, Berlin, DE

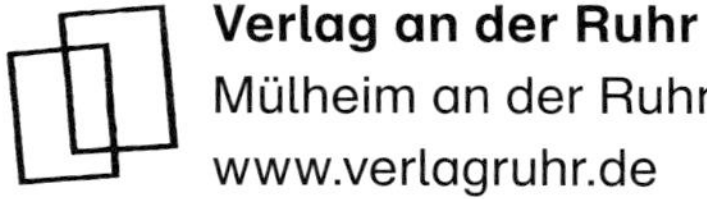

Verlag an der Ruhr
Mülheim an der Ruhr
www.verlagruhr.de

Geeignet für die Klassen 1-2

ISBN 978-3-8346-6079-4

Inhaltsverzeichnis

Inhaltsverzeichnis

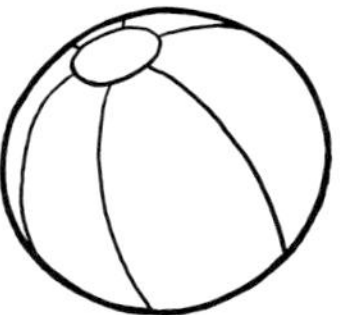

Vorwort

Kinder sind heutzutage überall **einer gewaltigen Flut an Reizen** ausgesetzt, die ihre Wahrnehmungsorgane und Sinne kontinuierlich sowie dauerhaft an- und erregen, wie z. B.:

- kunterbunte, übervolle Kinderzimmer
- blinkende Lichter im Straßenverkehr, bunte Werbeflächen und Schaufensterdekorationen
- Dauerberieselung in Supermärkten durch Hintergrundmusik und eine schier überwältigende Auswahl an Waren in den Regalen

Das **kindliche Gehirn** kann, im Gegensatz zu dem von uns Erwachsenen, all diese Reize nicht filtern und auch nicht entscheiden, auf welchen Reiz es nun ein verstärktes Augenmerk richten soll. Da Kinder jedoch sehr neugierig sind, werden sie versuchen, ihre Aufmerksamkeit auf alle ankommenden Reize zu richten. Dadurch erscheinen sie häufig hektisch, fahrig und eben unaufmerksam bzw. unkonzentriert. Aber auch **emotionale Einflüsse** wirken sich auf die Konzentration entweder positiv oder negativ aus. So ist die Konzentrationsfähigkeit in einer positiven Stimmung höher als in einer negativen.
Einflüsse von außen, wie z. B. Temperatur und Geräusche, aber auch **Ernährung oder Schlaf** wirken sich ebenso aus wie Ablenkungen durch andere Reize.
Alle Sinneseindrücke stehen in einer Wechselwirkung zueinander, sodass die Konzentrationsfähigkeit eines Kindes aus **ganzheitlicher Sicht** einzuordnen ist.

Konzentration ist die Voraussetzung, um etwas **verstehen** zu können. Dinge, die wir verstehen, können vom Gehirn abgespeichert werden.
Wie stark wir uns konzentrieren können, ist **individuell verschieden** und auch abhängig von der jeweiligen **Tagesform.**

Zudem ist die Konzentration **alters- und entwicklungsabhängig:**

- 5- bis 7-Jährige können sich etwa 15 Minuten am Stück konzentrieren,
- 7- bis 10-Jährige etwa 20 Minuten,
- 10- bis 12-Jährige etwa 20 bis 25 Minuten und
- 12- bis 16-Jährige etwa 30 bis 45 Minuten.

Zum Vergleich: Die Konzentrationsspanne bei Erwachsenen liegt zwischen 45 und 90 Minuten.

Häufig wird die Konzentrationsfähigkeit der Kinder von Eltern und Lehrkräften **überschätzt.**
Die Konzentrationsfähigkeit ist Kindern zwar angeboren, doch wie ausgeprägt und ausdauernd sie diese später auf eine Tätigkeit richten können, hängt entscheidend davon ab, in welchem Maß die Konzentration im Kindesalter gefördert wurde. So haben manche Kinder bereits von klein auf ein gutes Maß an Konzentration und können schon mit zwei Jahren eine lange Zeit mit voller Aufmerksamkeit spielen, während es anderen Kindern wiederum schwerfällt, ihre volle Konzentration länger als 10 Minuten auf ein Spielzeug oder Buch zu richten.

Vorwort

Alle Übungen, die Sie in diesem Buch vorfinden, dienen dazu, die Konzentrationsfähigkeit der Kinder **auf spielerische Weise** zu fördern, zu trainieren und zu verbessern.
Sie sollen eine abwechslungsreiche Alternative zum sonst üblichen Schulstoff bieten und können sowohl im herkömmlichen Unterricht als Übung für zwischendurch, in Vertretungsstunden oder auch im Nachmittagsbereich eingesetzt werden.
Neben Wort-, Bild- und Zahlenübungen, die in Einzelarbeit gelöst werden, finden Sie auch „Übungen ohne Stift und Papier" sowie Bewegungsübungen, die Sie mit der ganzen Klasse durchführen können.
Um Leistungsdruck zu vermeiden, wurde bewusst auf eine Zeitvorgabe verzichtet, damit jedes Kind **individuell und in seiner Zeit** die Übungen lösen kann. Meist sind die Übungen jedoch, je nach Leistungsfähigkeit des Kindes und Umfang der Übung, innerhalb von 10 bis 15 Minuten zu lösen.

An das Arbeitsblatt (Kopiervorlage) für die Kinder schließt sich direkt das Lösungsblatt an.

Ich wünsche Ihnen und Ihren Schüler*innen viel Spaß mit den Materialien.

Sabine Kelkel

* Der Verlag an der Ruhr legt großen Wert auf eine geschlechtergerechte und inklusive Sprache. Daher nutzen wir das Gendersternchen, um sowohl männliche und weibliche als auch nichtbinäre Geschlechtsidentitäten einzuschließen. Alternativ verwenden wir neutrale Formulierungen. In Texten für Schüler*innen finden sich aus didaktischen Gründen neutrale Begriffe bzw. Doppelformen.

Zahlenübungen

Malen und Zählen mit Formen

→ **Male alle ◯ rot. Zählen.** Es sind .... Kreise.

→ **Male alle △ gelb. Zählen.** Es sind .... Dreiecke.

→ **Male alle □ blau. Zählen.** Es sind .... Vierecke.

→ **Male alle ⬡ grün. Zählen.** Es sind .... Sechsecke.

★ **Zähle alle ◯ △ □ ⬡.** Es sind .... Formen.

Malen und Zählen mit Formen

Lösung

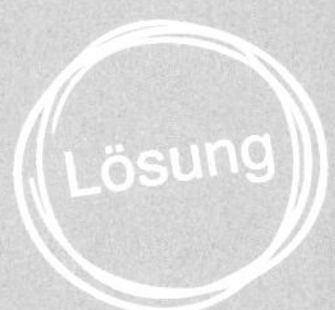

→ **Male alle ◯ rot. Zähle.** Es sind 7 Kreise.

→ **Male alle △ gelb. Zähle.** Es sind 5 Dreiecke.

→ **Male alle □ blau. Zähle.** Es sind 4 Vierecke.

→ **Male alle ⬡ grün. Zähle.** Es sind 4 Sechsecke.

★ **Zähle alle ◯ △ □ ⬡.** Es sind 20 Formen.

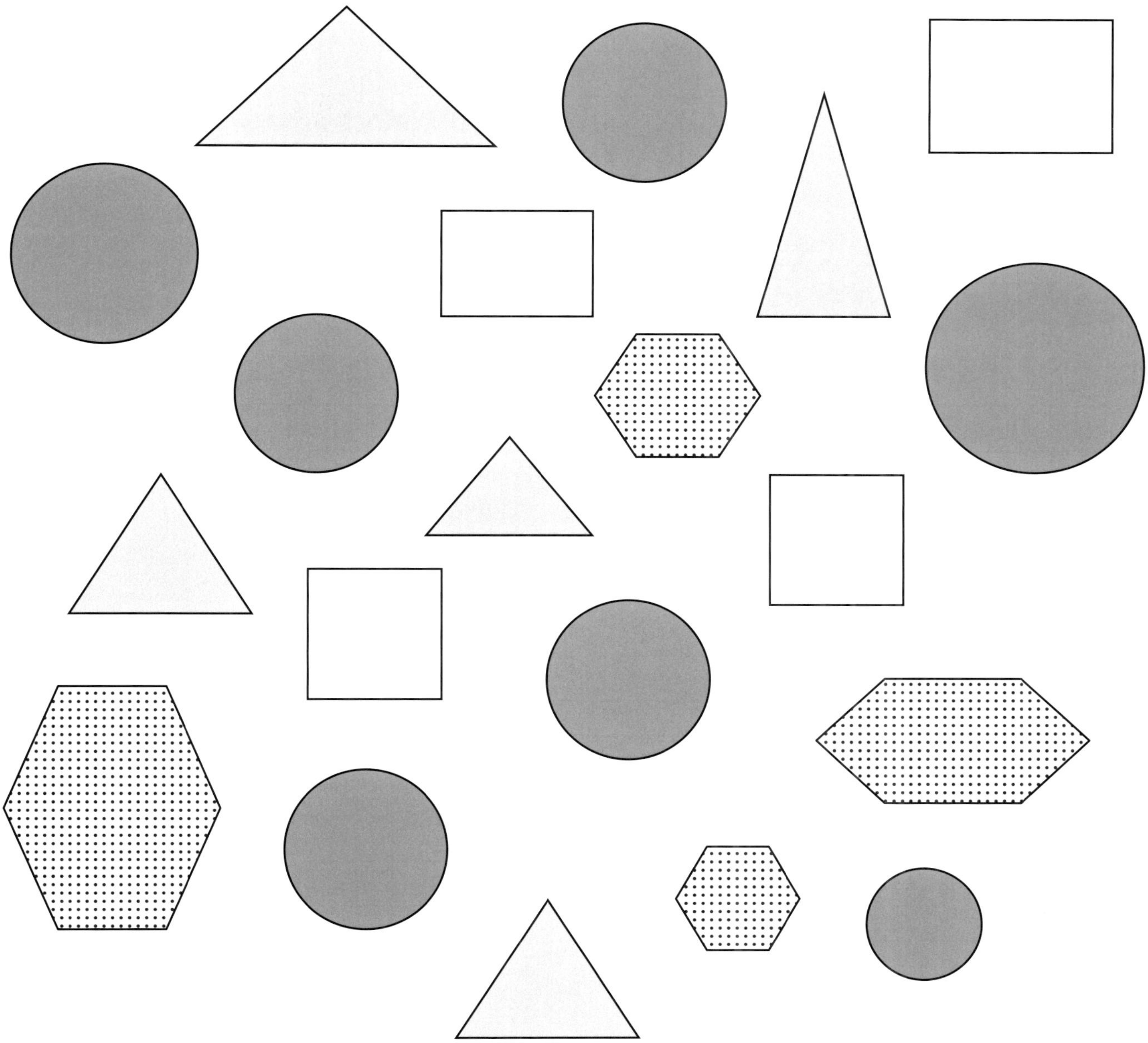

Malen und Zählen mit Tieren

→ **Male alle 🦜 grün. Zähle.** Es sind .... Vögel.

→ **Male alle 🐕 blau. Zähle.** Es sind .... Hunde.

→ **Male alle 🐈 gelb. Zähle.** Es sind .... Katzen.

→ **Male alle 🐟 rot. Zähle.** Es sind .... Fische.

★ **Zähle alle Tiere, die nach links sehen.** 🦜

Es sind .... Tiere.

Lösung

Malen und Zählen mit Tieren

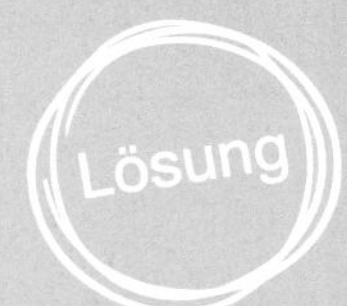

→ **Male alle** 🐦 **grün. Zähle.** Es sind ......6...... Vögel.

→ **Male alle** 🐕 **blau. Zähle.** Es sind ......5...... Hunde.

→ **Male alle** 🐈 **gelb. Zähle.** Es sind ......8...... Katzen.

→ **Male alle** 🐟 **rot. Zähle.** Es sind ......4...... Fische.

★ **Zähle alle Tiere, die nach links sehen.**

Es sind ......11...... Tiere.

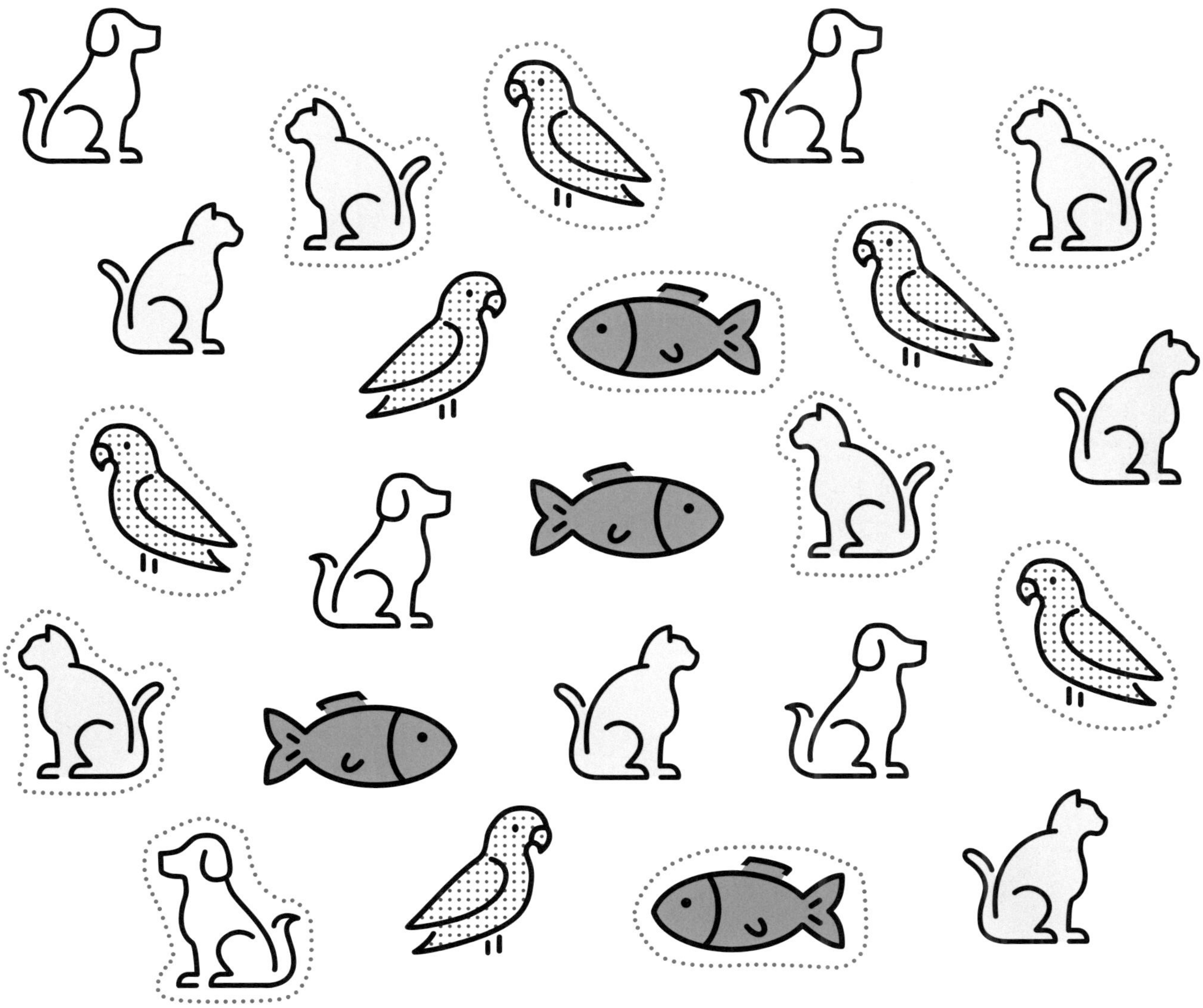

Malen und Zählen mit Gesichtern

→ **Male alle 😄 gelb. Zähle.** Es lachen .... Gesichter.

→ **Male alle 😊 grün. Zähle.** Es grinsen .... Gesichter.

→ **Male alle 🙁 blau. Zähle.** Es sind .... traurige Gesichter.

→ **Male alle 😠 rot. Zähle.** Es sind .... böse Gesichter.

★ **Zähle alle 🙃.** Es stehen .... traurige Gesichter auf dem Kopf.

Lösung

Malen und Zählen mit Gesichtern

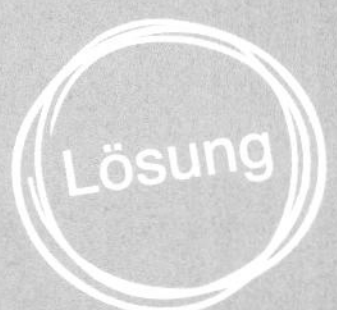

→ **Male alle ☺ gelb. Zähle.** Es lachen ..6.. Gesichter.

→ **Male alle ☺ grün. Zähle.** Es grinsen ..7.. Gesichter.

→ **Male alle ☹ blau. Zähle.** Es sind ..8.. traurige Gesichter.

→ **Male alle ☹ rot. Zähle.** Es sind ..4.. böse Gesichter.

★ **Zähle alle ☹**. Es stehen ..3.. traurige Gesichter auf dem Kopf.

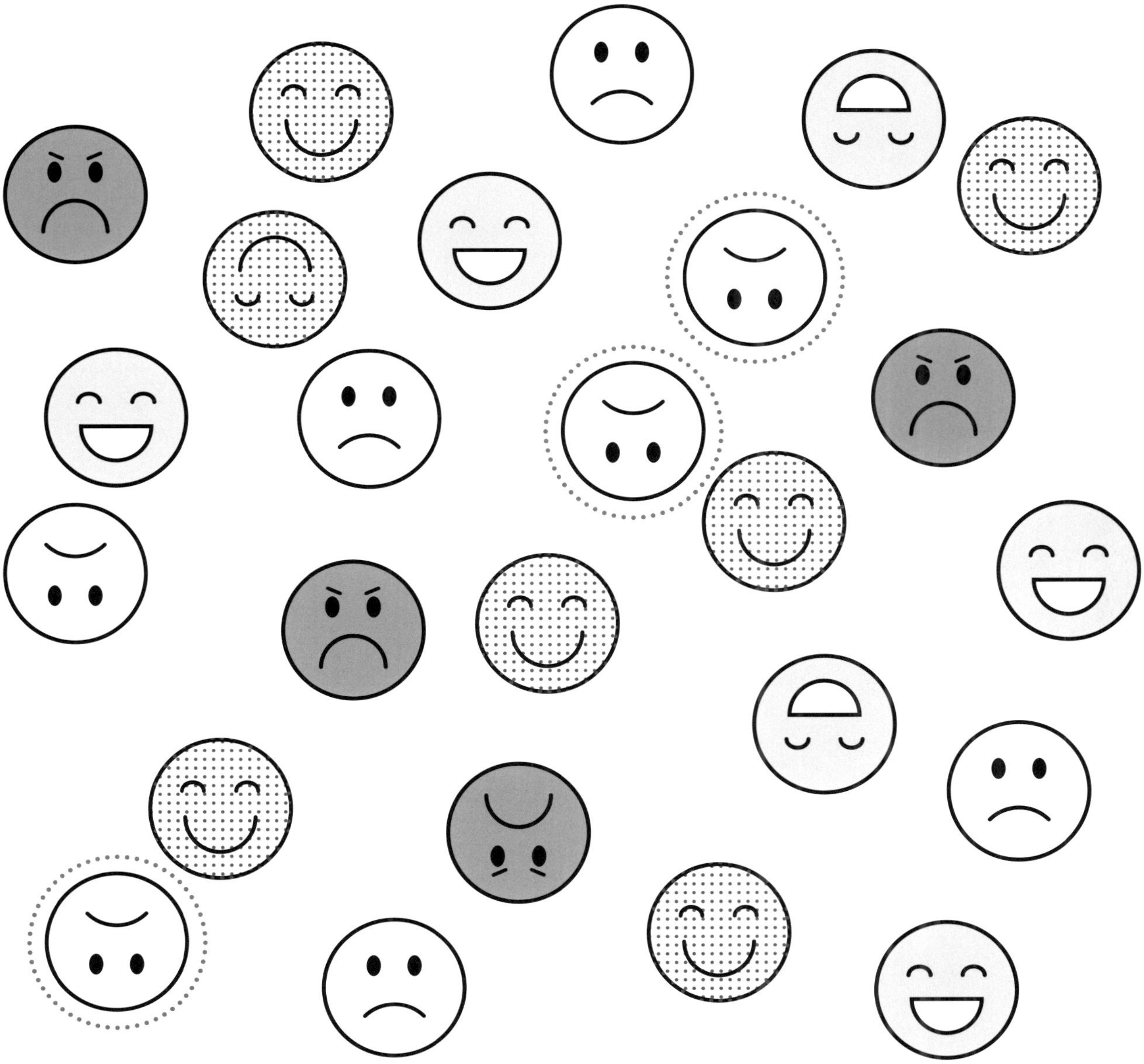

Rechnen und Malen mit Domino-Steinen

→ **Rechne:** [• | • •] → **1 + 2 = 3**

→ **Male alle Steine mit ...?... + ...?... = 7 rot an.**

→ **Male alle Steine mit ...?... + ...?... = 9 blau an.**

→ **Wie oft siehst du die Zahl 1 [•] ?**

Es gibt die Zahl 1 .... -mal.

Rechnen und Malen mit Domino-Steinen

Lösung

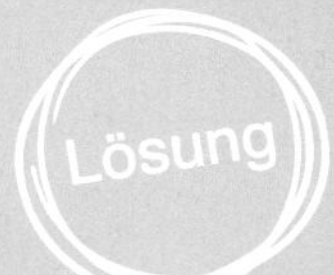

→ **Rechne:** [• | •.] → **1 + 2 = 3**

→ **Male alle Steine mit ...?... + ...?... = 7 rot an.**

→ **Male alle Steine mit ...?... + ...?... = 9 blau an.**

→ **Wie oft siehst du die Zahl 1 [•] ?**

Es gibt die Zahl 1 ...6... -mal.

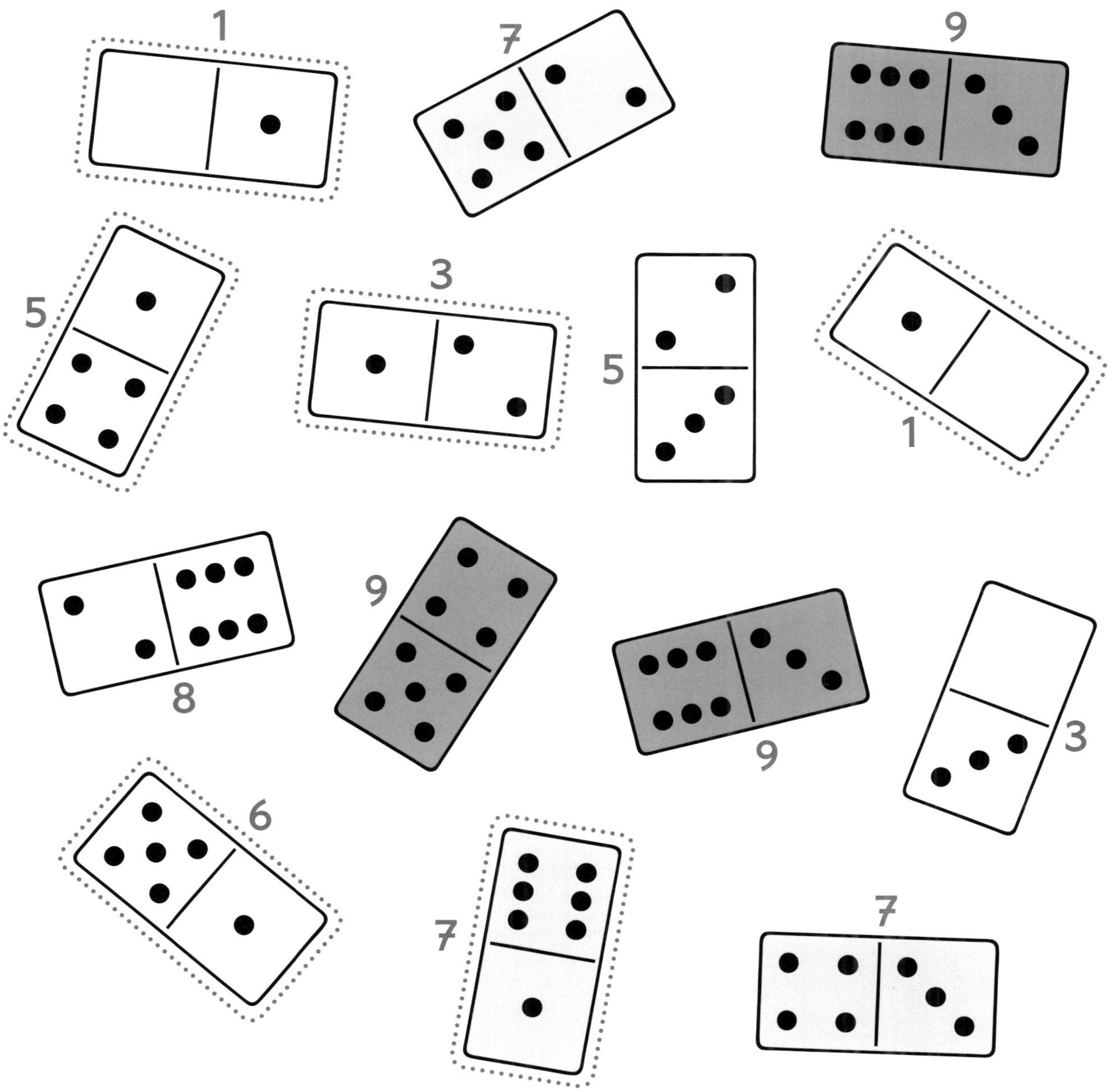

1
7
9
5
3
5
1
8
9
9
3
6
7
7

Rechnen mit Dinos

→ Schreibe.

→ Rechne.

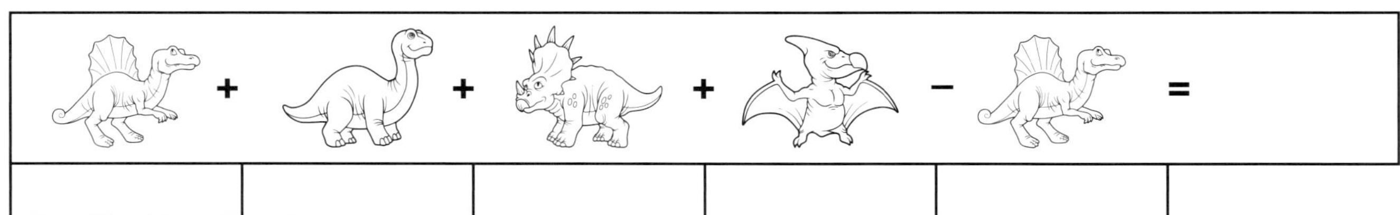

Rechnen mit Dinos

→ Schreibe.

2	8	5	9	1

7	4	6	3	0

→ Rechne.

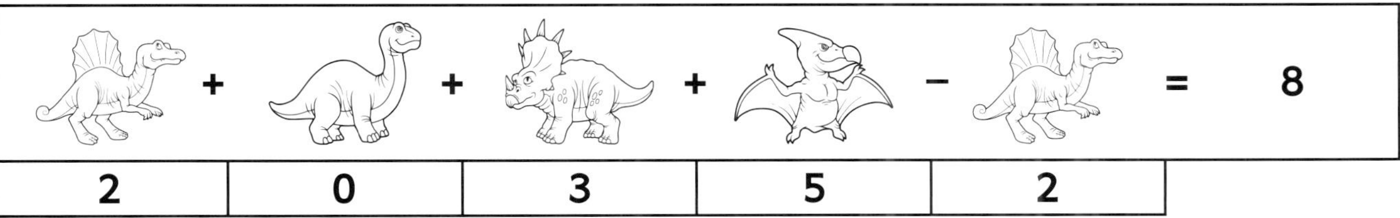

+	+	+	−		=	8
2	0	3	5	2		

+	−	−	+		=	10
1	9	4	3	7		

+	+	−	−		=	5
8	7	0	6	4		

Rechnen mit Obst

→ Schreibe.

→ Rechne.

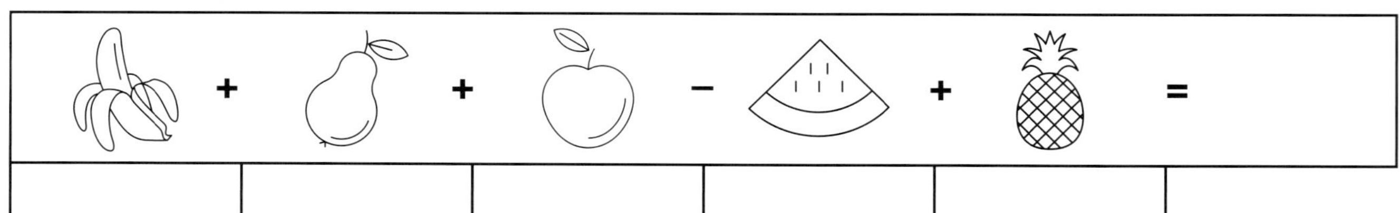

Rechnen mit Obst

				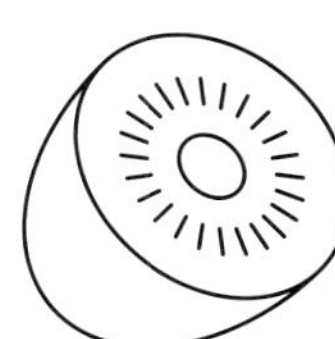
1	**2**	**3**	**4**	**5**
			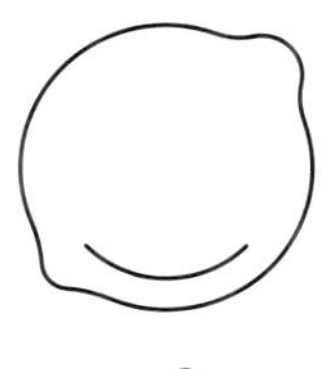	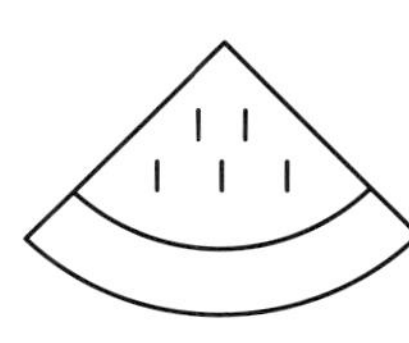
6	**7**	**8**	**9**	**10**

→ Schreibe.

10	3	7	8	2

	 	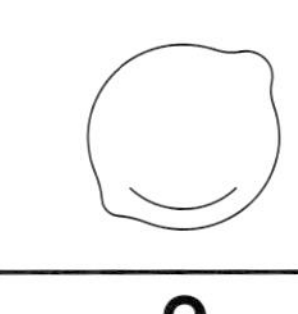		
6	4	9	5	1

→ Rechne.

 +   +  –  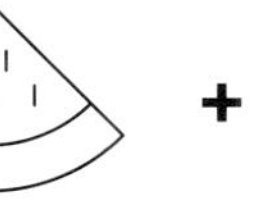 +  = 10

8	2	6	10	4

 +   –  +   +  = 20

3	5	7	10	9

 +  – 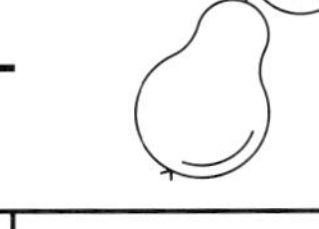  +     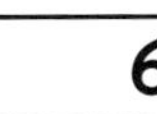 –  = 15

8	4	2	6	1

Rechnen mit Clowns

→ **Schreibe.**

→ **Rechne.**

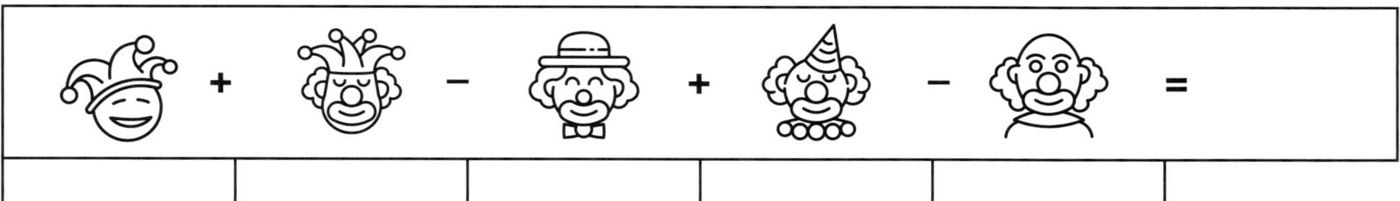

Rechnen mit Clowns

 		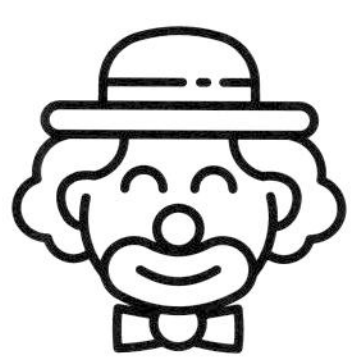		
1	2	3	4	5

6	7	8	9	10

→ **Schreibe.**

5	10	7	9	1

8	4	2	6	3

→ **Rechne.**

	+	 	−	 	+		−		=	14
10		8 		3  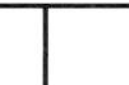		5		6		

	+		−		+	 	+		=	20
9		5		7 		10		3		

	+		+	 	−		−		=	5
2		8		6		1		10		

Rechnen mit Zahlenbildern

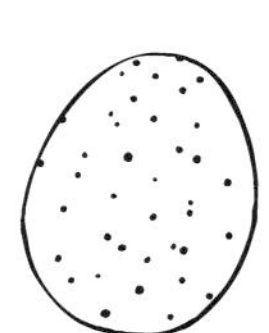
0 = Ei

1 = Kerze

2 = Schwan

3 = Kaktus

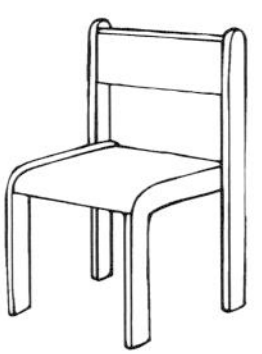
4 = Stuhl

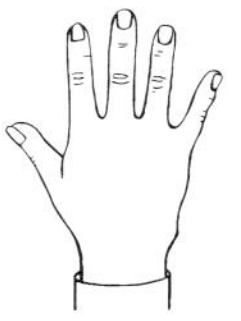
5 = Hand

6 = Rüssel

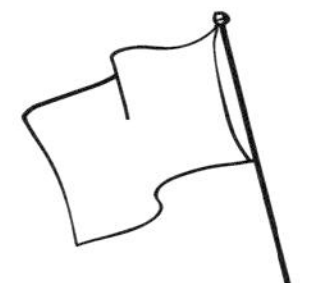
7 = Fahne

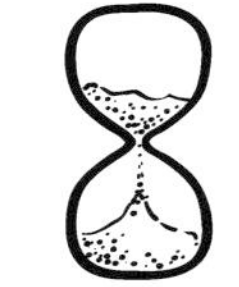
8 = Sanduhr

9 = Pfeife

→ **Schreibe.**

→ **Rechne.**

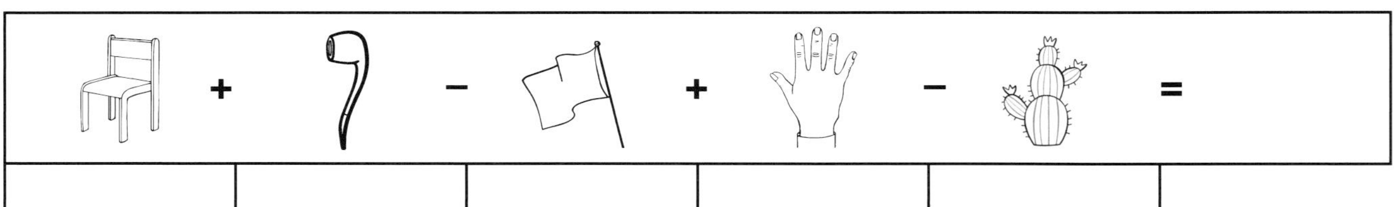

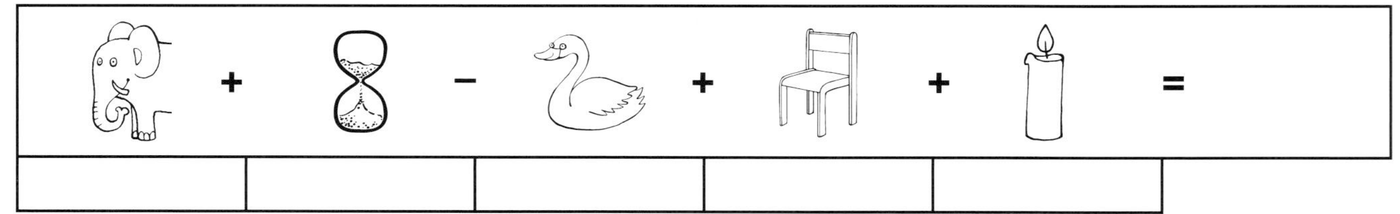

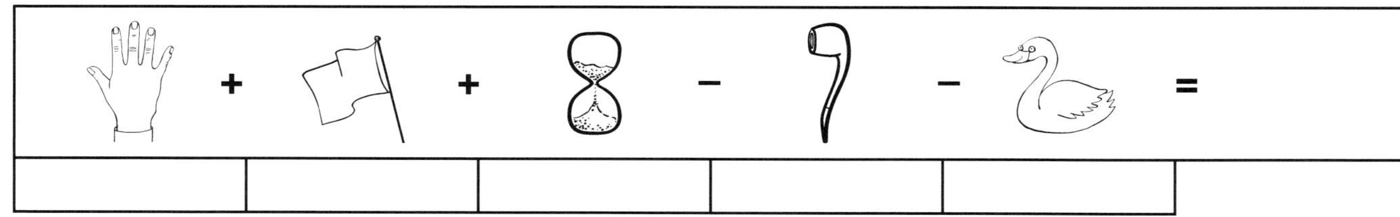

Rechnen mit Zahlenbildern

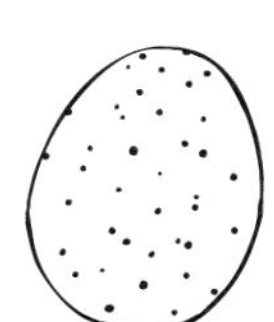				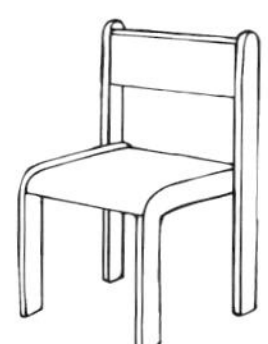
0 = Ei	**1** = Kerze	**2** = Schwan	**3** = Kaktus	**4** = Stuhl
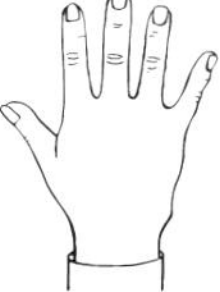		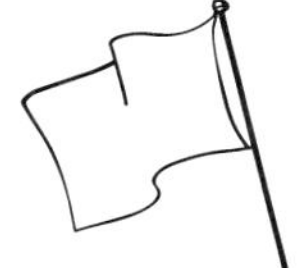	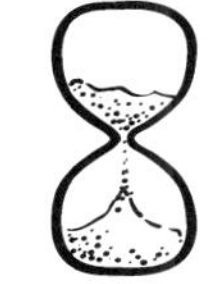	
5 = Hand	**6** = Rüssel	**7** = Fahne	**8** = Sanduhr	**9** = Pfeife

→ **Schreibe.**

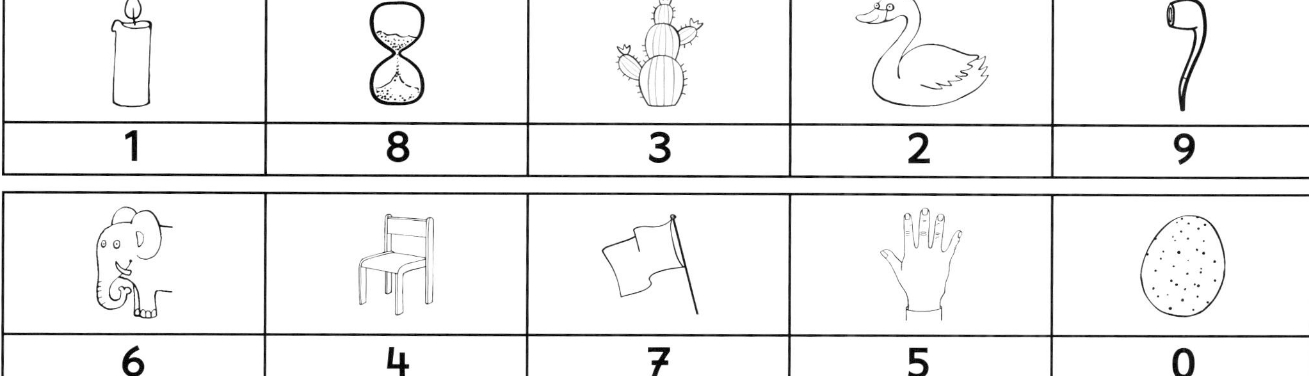

→ **Rechne.**

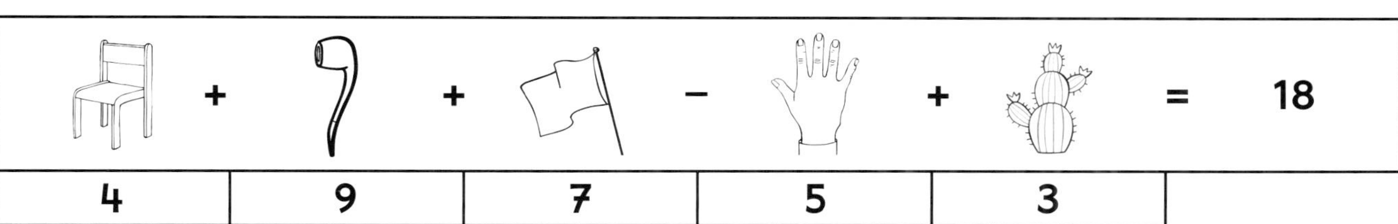

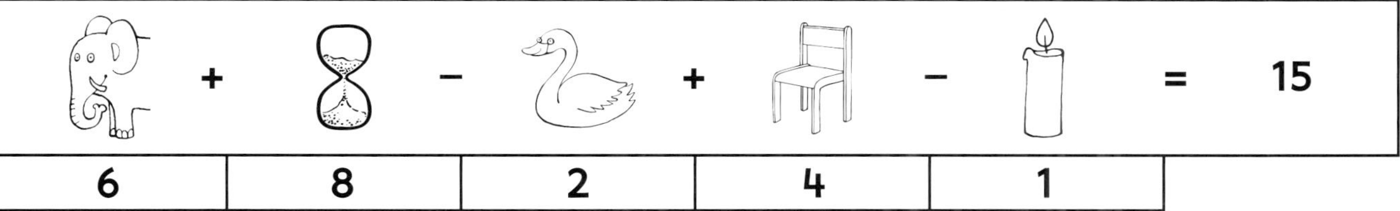

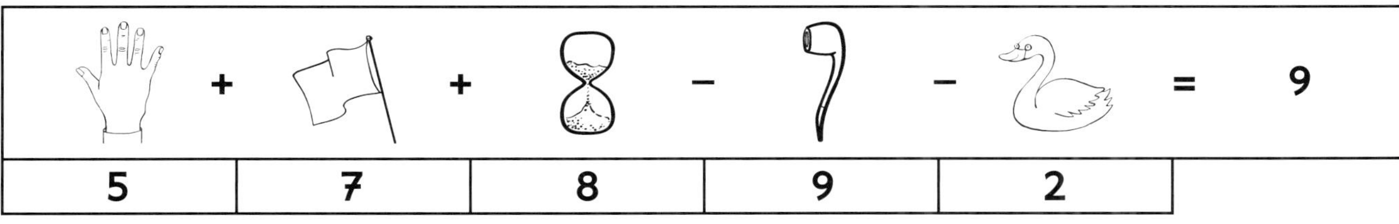

Wahrnehmungs- und Konzentrationsübungen

Schau genau – Viele Gesichter

→ **Male alle ☺ grün an.**

→ **Male alle ☹ rot an.**

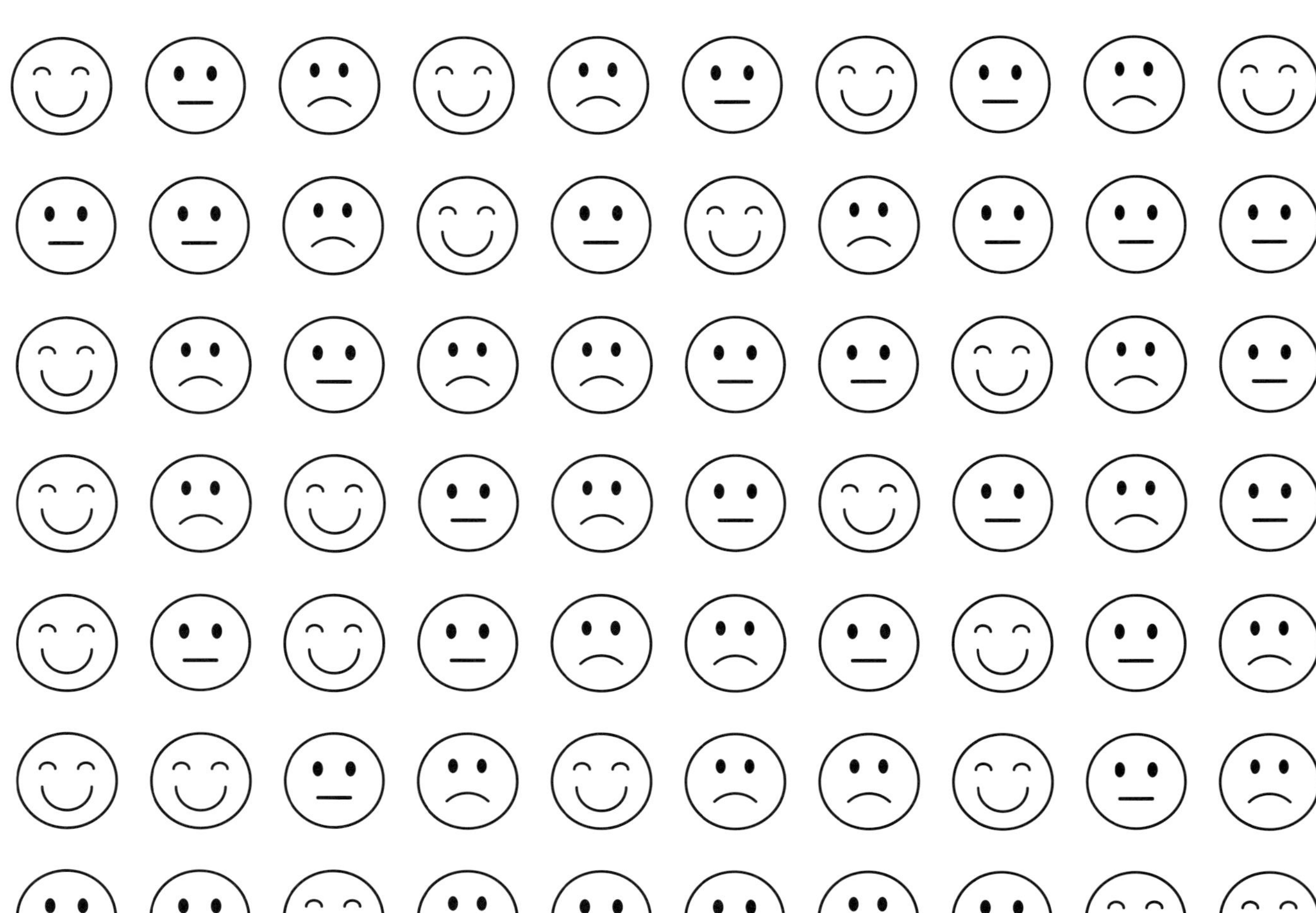

Schau genau – Viele Gesichter

→ **Male alle** ☺ **grün an.**

→ **Male alle** ☹ **rot an.**

Schau genau – Allerlei Briefkästen

→ **Male alle [Briefkasten-Symbol] grün an.**

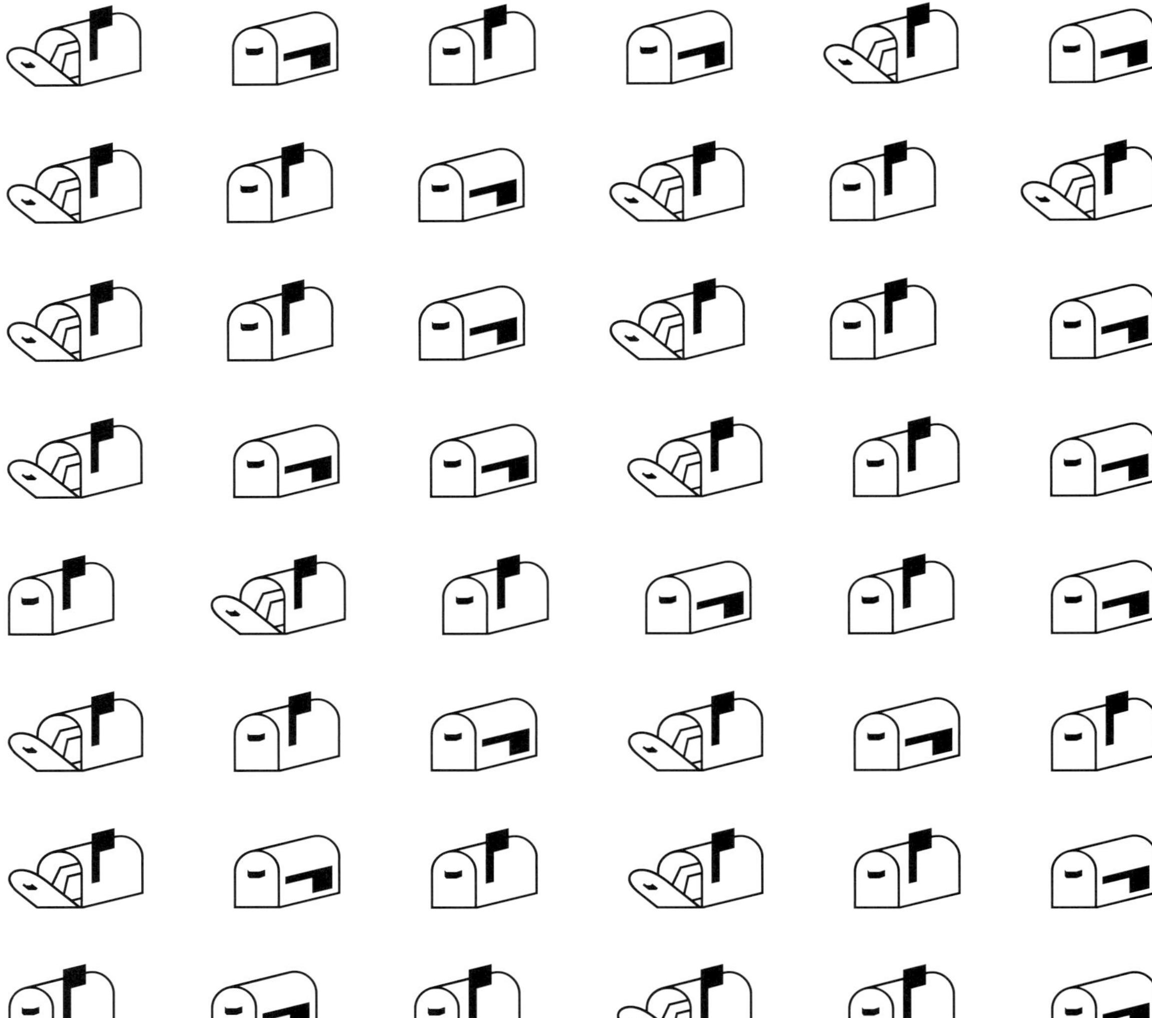

Schau genau – Allerlei Briefkästen

→ **Male alle [Briefkasten mit Fahne] grün an.**

 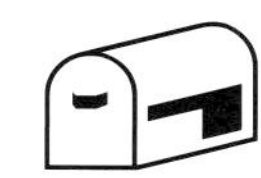 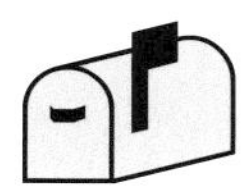  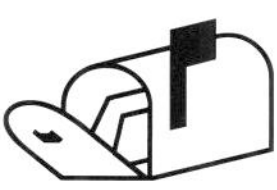 

 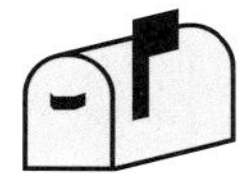    

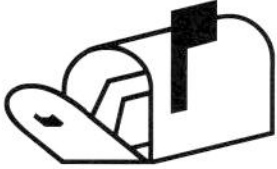 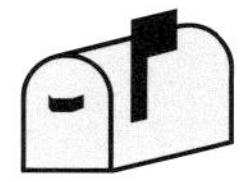   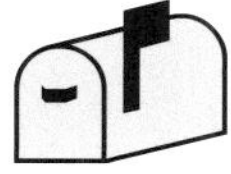 

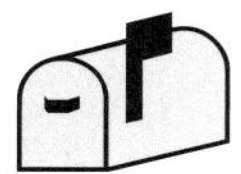  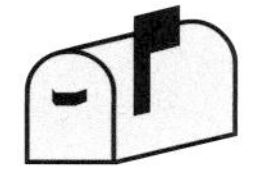  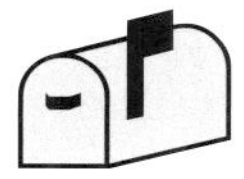 

    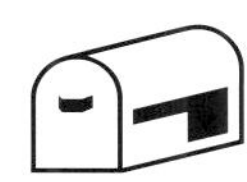 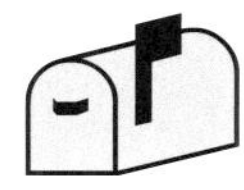

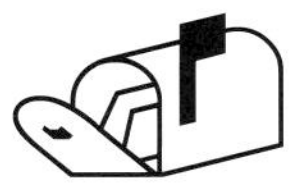  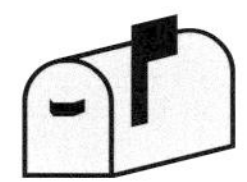   

    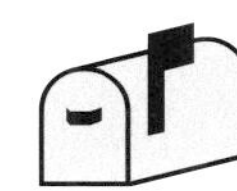

Schau genau – Daumen hoch

→ **Kreise 👍 ein.**

Schau genau – Daumen hoch

Lösung

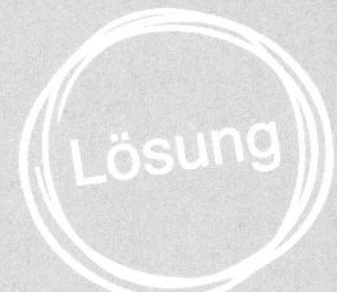

→ **Kreise 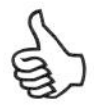 ein.**

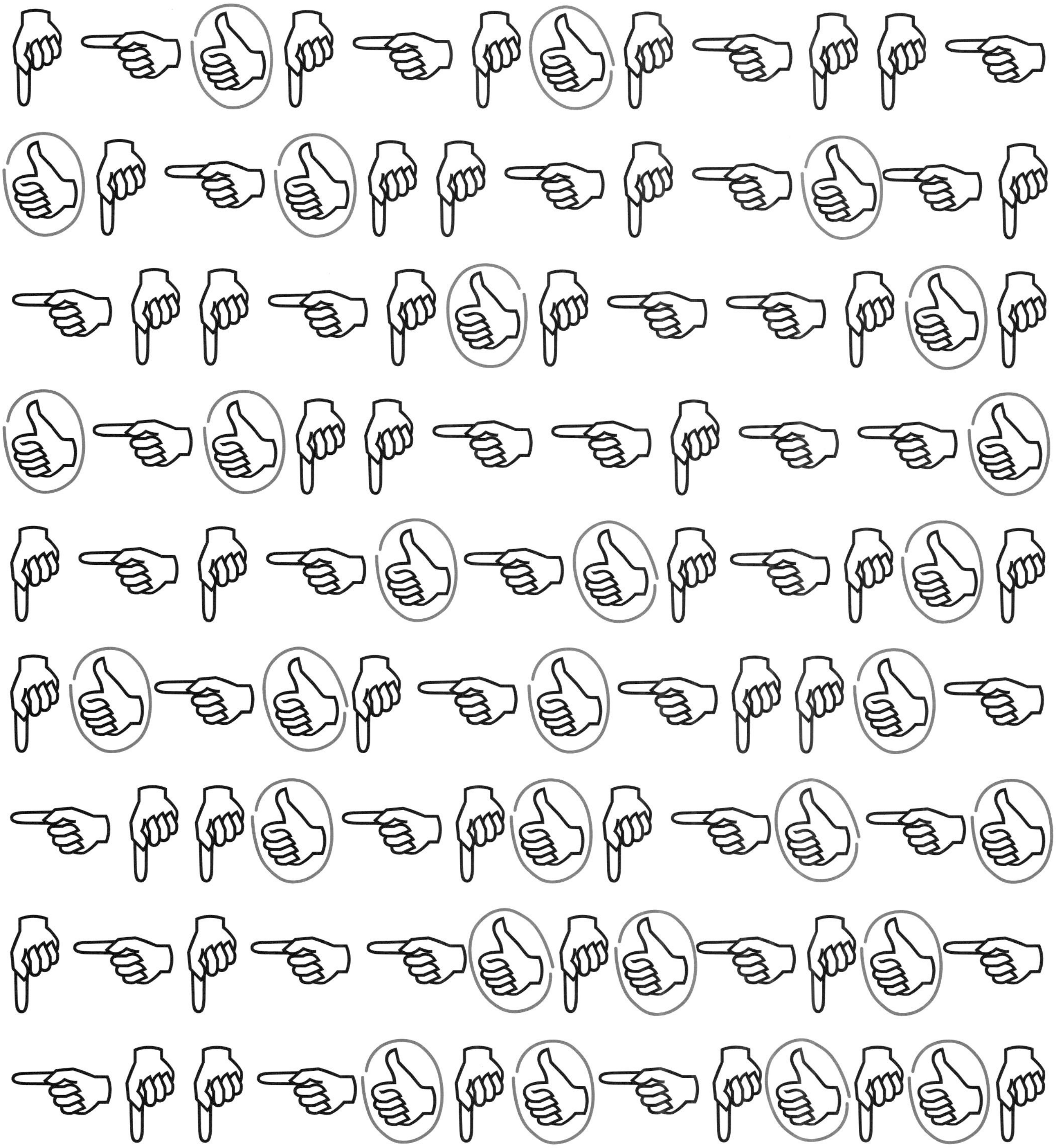

Schau genau – Scherensuche

→ **Kreise ✂ ein.**

Schau genau – Scherensuche

Lösung

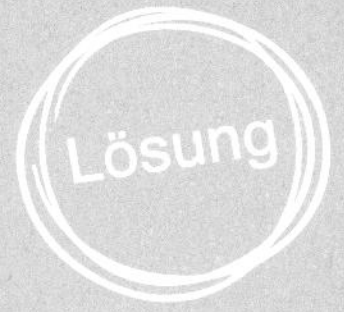

→ **Kreise** 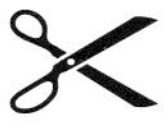 **ein.**

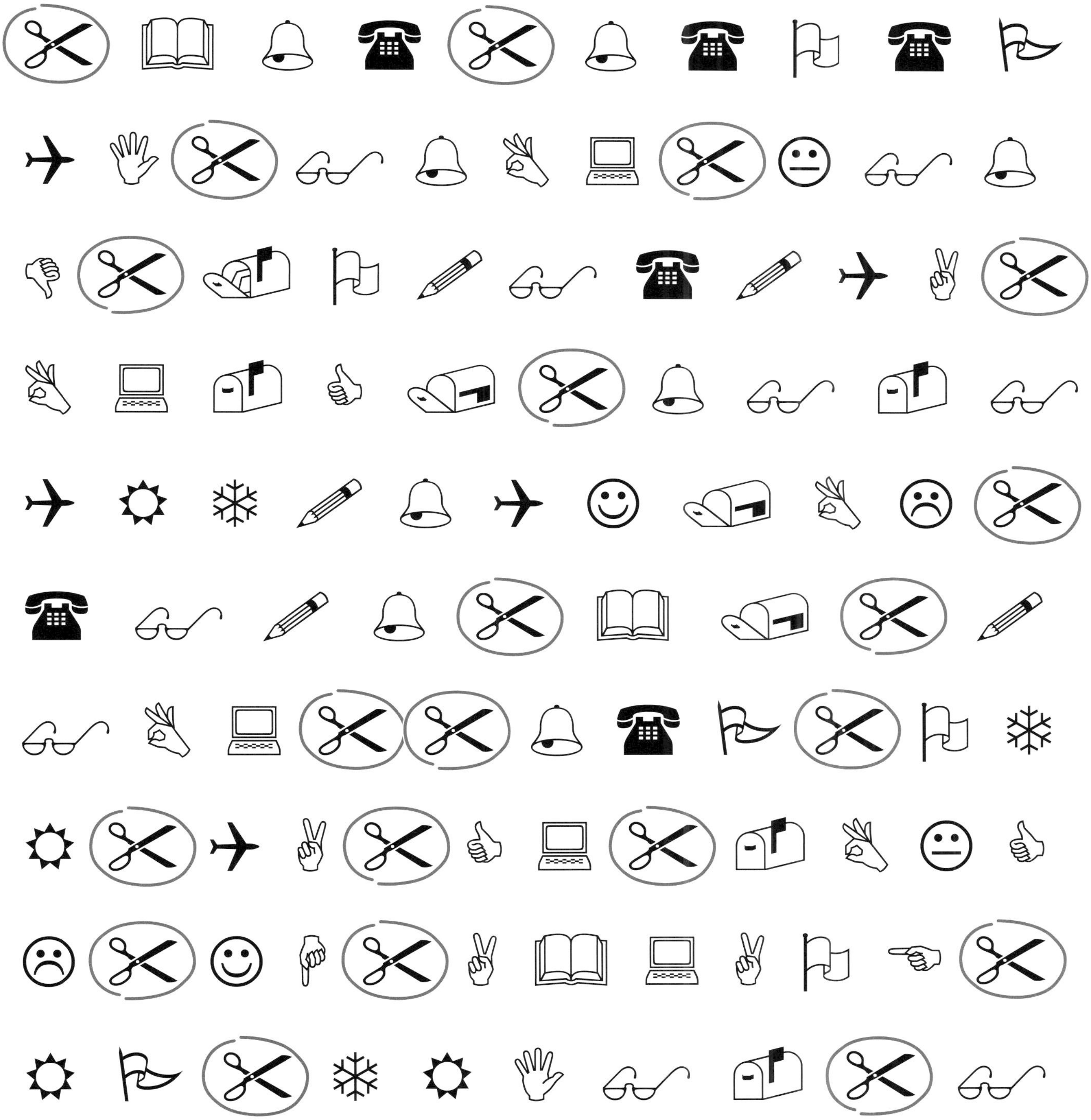

Schau genau – Verflixte Zahlensuche

→ **Kreise jede 3 ein.**

5 7 3 6 2 0 3 9 1 3 7 2 8 6 4 3 1 0 3 8 9
4 6 2 7 3 0 9 4 7 3 0 9 3 3 7 2 8 0 6 3 4
1 0 3 9 6 3 7 5 4 1 9 5 3 4 0 2 3 7 2 8 3
7 3 3 9 0 4 3 6 0 3 9 4 3 0 2 3 7 6 4 5 1
0 7 3 1 0 5 9 3 0 6 5 3 1 3 6 9 3 0 3 8 6
1 3 0 4 0 3 8 6 7 1 3 8 0 7 3 5 7 9 2 3 9
7 5 3 1 2 4 8 3 9 1 6 8 7 3 9 1 2 5 6 8 3
5 1 4 0 1 8 2 7 3 5 8 6 2 1 5 3 9 2 5 3 7
6 3 1 8 9 3 1 1 3 5 7 9 8 6 3 4 1 2 4 6 3
7 9 8 3 1 5 3 2 4 9 8 0 3 9 4 3 0 2 3 7 9

→ **Kreise jede 7 ein.**

1 3 7 6 2 4 9 8 6 7 3 1 3 5 2 9 4 7 8 3 0
1 6 8 6 7 2 5 6 9 4 7 8 2 5 7 3 9 5 7 1 3
8 9 7 3 6 1 4 7 9 5 1 7 3 6 7 9 5 4 7 0 1
3 5 7 9 2 4 6 8 1 3 5 2 7 6 5 1 0 7 6 3 4
9 2 5 4 7 3 9 5 4 7 9 0 3 7 1 9 5 2 0 7 3
0 2 7 3 8 7 6 3 7 1 2 8 0 4 7 2 5 3 7 3 7
6 5 7 5 0 7 9 3 7 5 2 5 9 1 3 7 2 4 9 1 6
0 4 8 3 0 7 3 9 0 1 7 2 5 7 9 6 8 5 3 2 1
7 2 5 9 6 1 0 2 7 3 6 9 7 0 3 7 7 0 3 5 9
0 2 7 3 1 6 8 5 4 7 8 9 7 3 6 1 4 7 9 5 1

Schau genau – Verflixte Zahlensuche

→ **Kreise jede 3 ein.**

5 7 3 6 2 0 3 9 1 3 7 2 8 6 4 3 1 0 3 8 9
4 6 2 7 3 0 9 4 7 3 0 9 3 3 7 2 8 0 6 3 4
1 0 3 9 6 3 7 5 4 1 9 5 3 4 0 2 3 7 2 8 3
7 3 3 9 0 4 3 6 0 3 9 4 3 0 2 3 7 6 4 5 1
0 7 3 1 0 5 9 3 0 6 5 3 1 3 6 9 3 0 3 8 6
1 3 0 4 0 3 8 6 7 1 3 8 0 7 3 5 7 9 2 3 9
7 5 3 1 2 4 8 3 9 1 6 8 7 3 9 1 2 5 6 8 3
5 1 4 0 1 8 2 7 3 5 8 6 2 1 5 3 9 2 5 3 7
6 3 1 8 9 3 1 1 3 5 7 9 8 6 3 4 1 2 4 6 3
7 9 8 3 1 5 3 2 4 9 8 0 3 9 4 3 0 2 3 7 9

→ **Kreise jede 7 ein.**

1 3 7 6 2 4 9 8 6 7 3 1 3 5 2 9 4 7 8 3 0
1 6 8 6 7 2 5 6 9 4 7 8 2 5 7 3 9 5 7 1 3
8 9 7 3 6 1 4 7 9 5 1 7 3 6 7 9 5 4 7 0 1
3 5 7 9 2 4 6 8 1 3 5 2 7 6 5 1 0 7 6 3 4
9 2 5 4 7 3 9 5 4 7 9 0 3 7 1 9 5 2 0 7 3
0 2 7 3 8 7 6 3 7 1 2 8 0 4 7 2 5 3 7 3 7
6 5 7 5 0 7 9 3 7 5 2 5 9 1 3 7 2 4 9 1 6
0 4 8 3 0 7 3 9 0 1 7 2 5 7 9 6 8 5 3 2 1
7 2 5 9 6 1 0 2 7 3 6 9 7 0 3 7 7 0 3 5 9
0 2 7 3 1 6 8 5 4 7 8 9 7 3 6 1 4 7 9 5 1

Schau genau – Verflixte Buchstabensuche

→ **Kreise jedes O und Q ein. Nimm dazu 2 Farben.**

A B W Q Z U P O V N M O S A Y Q R Z B X
E Q P G V R T O L N B O C Q X D R P U O
H Q S W C O A D Q G K L P O K L G H Q
C V N Z O E J I L A X Q R Z O B M D R Q
D R Q Z U P K V R A O H O A C B Q Z M K
O R W Q C X D T Z Q B C O I V B U Z O A
W R T Q C G K H F S Q Z T O M L V X W R
Q U T V F O P M K L Q S D O X A W R Q O
M C X V O W A F Q T Z U O P L Q D X O B

→ **Kreise jedes B und D ein. Nimm dazu 2 Farben.**

C B W Q Z U D O V N M B S A Y Q R Z D X
E Q P G S R T D L N B O C D X H R P U B
H Q S W C O A B D G K L P B K L G H B C
V N Z D E J L R X Q R Z O B G D R N D R
B Z U B K V R A D F D A C B Q Z D K B R
W D C X D T Z P B C O I B B U Z D A W R
T D C G K H F S B Z T D M L V X W R B U
T V F D P M Z L D S B L X A W R D O Y M
C X V D H A F B T Z U B P L B D X O B M I

Schau genau – Verflixte Buchstabensuche

→ **Kreise jedes O und Q ein. Nimm dazu 2 Farben.**

A B W Q Z U P O V N M O S A Y Q R Z B X
E Q P G V R T O L N B O C Q X D R P U O
H Q S W C O A D Q G K L P O K L G H Q
C V N Z O E J I L A X Q R Z O B M D R Q
D R Q Z U P K V R A O H O A C B Q Z M K
O R W Q C X D T Z Q B C O I V B U Z O A
W R T Q C G K H F S Q Z T O M L V X W R
Q U T V F O P M K L Q S D O X A W R Q O
M C X V O W A F Q T Z U O P L Q D X O B

→ **Kreise jedes B und D ein. Nimm dazu 2 Farben.**

C B W Q Z U D O V N M B S A Y Q R Z D X
E Q P G S R T D L N B O C D X H R P U B
H Q S W C O A B D G K L P B K L G H B C
V N Z D E J L R X Q R Z O B G D R N D R
B Z U B K V R A D F D A C B Q Z D K B R
W D C X D T Z P B C O I B B U Z D A W R
T D C G K H F S B Z T D M L V X W R B U
T V F D P M Z L D S B L X A W R D O Y M
C X V D H A F B T Z U B P L B D X O B M I

Schau genau – Formen zählen

→ **Zähle.**

→ Es sind .... Wolken ☁, ... Dreiecke △ und .... Herzen ♡.

Schau genau – Formen zählen

Lösung

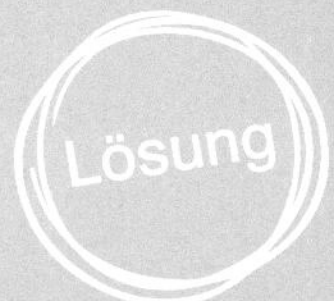

→ **Zähle.**

→ Es sind 8 Wolken, 9 Dreiecke und 12 Herzen.

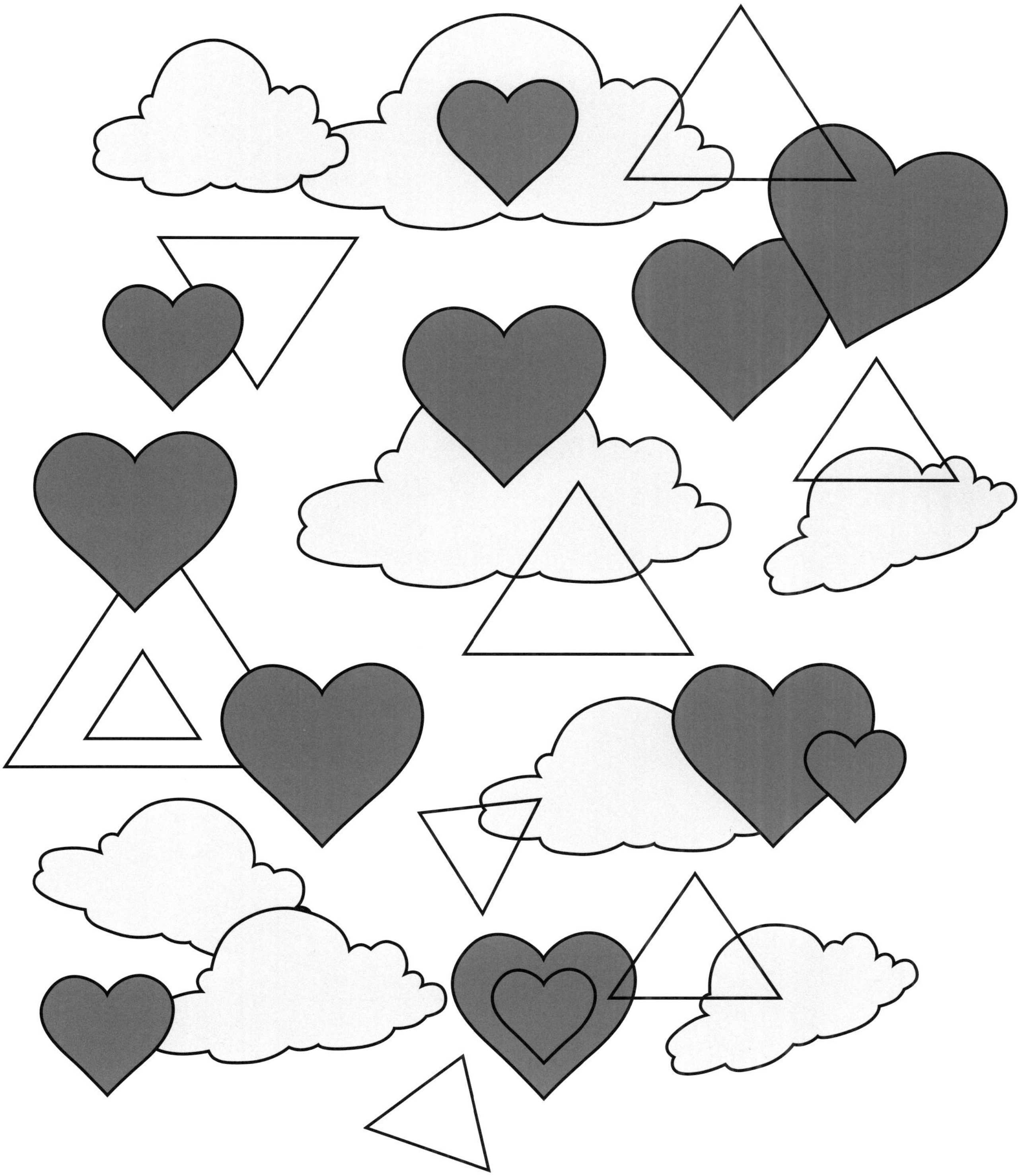

Schau genau – Paare gesucht

→ **Streiche alle Paare durch.**

→ **Was bleibt übrig? Schreibe.**

1. ....

2. ....

3. ....

Schau genau – Paare gesucht

Lösung

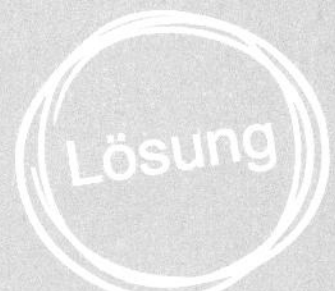

→ **Streiche alle Paare durch.**

→ **Was bleibt übrig? Schreibe.**

1. Auto
2. Ball
3. Rakete

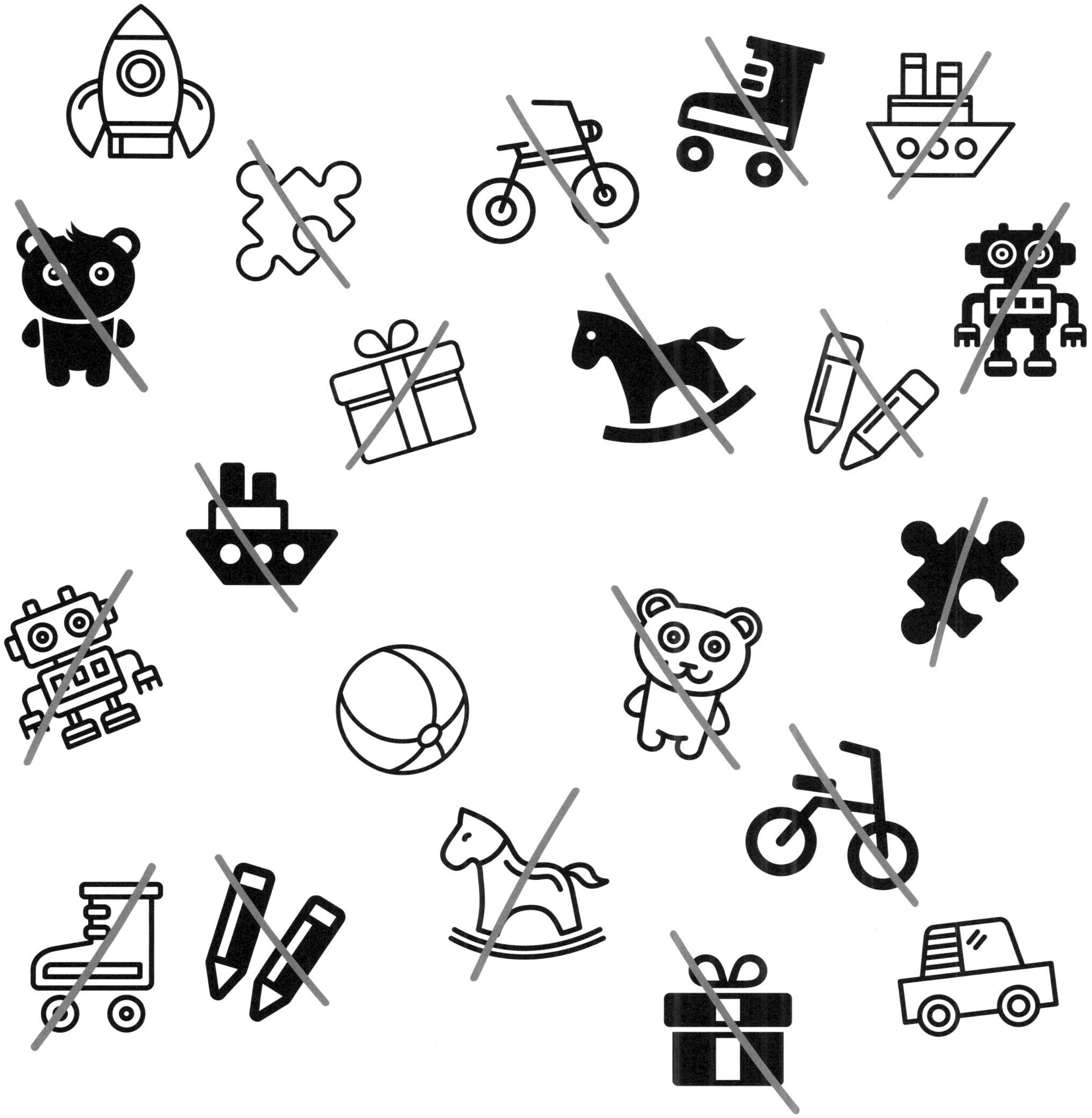

Schau genau – Fehlersuchbild 1

→ **Finde 10 Fehler. Kreise im unteren Bild ein.**

Schau genau – Fehlersuchbild 1

→ **Finde 10 Fehler. Kreise im unteren Bild ein.**

Schau genau – Fehlersuchbild 2

→ **Finde 10 Fehler. Kreise im unteren Bild ein.**

Schau genau – Fehlersuchbild 2

Lösung

→ **Finde 10 Fehler. Kreise im unteren Bild ein.**

Schau genau – Fadenwörter

→ **Folge den Linien mit den <u>Augen</u>.**

→ **Schreibe.**

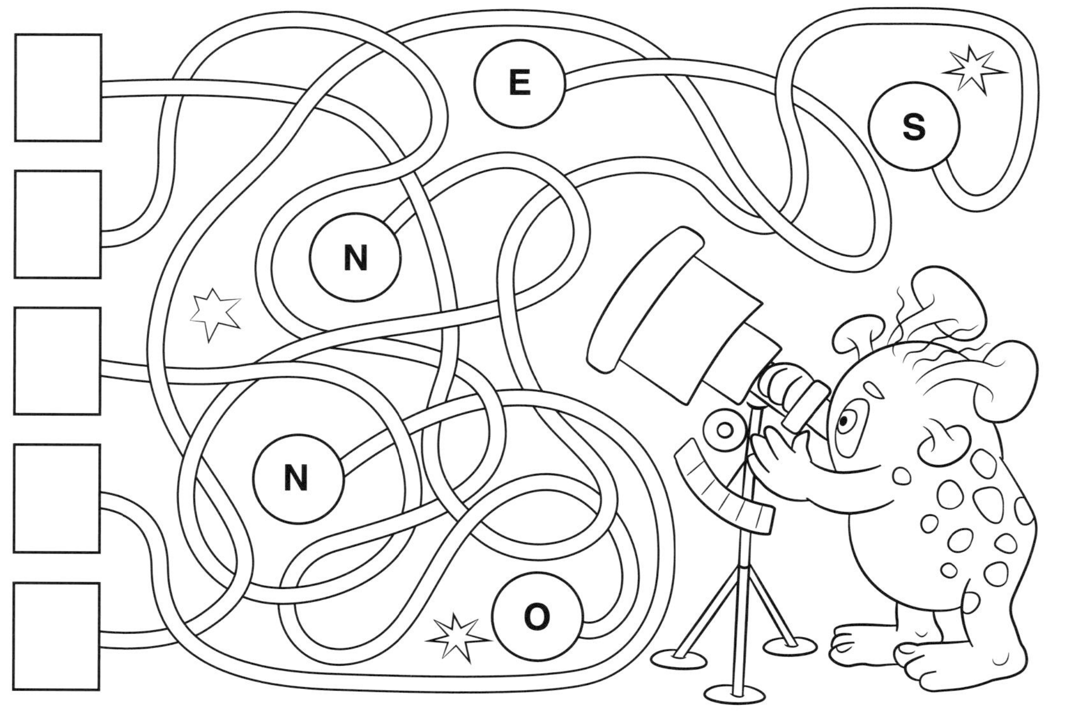

Schau genau – Fadenwörter

→ **Folge den Linien mit den Augen.**

→ **Schreibe.**

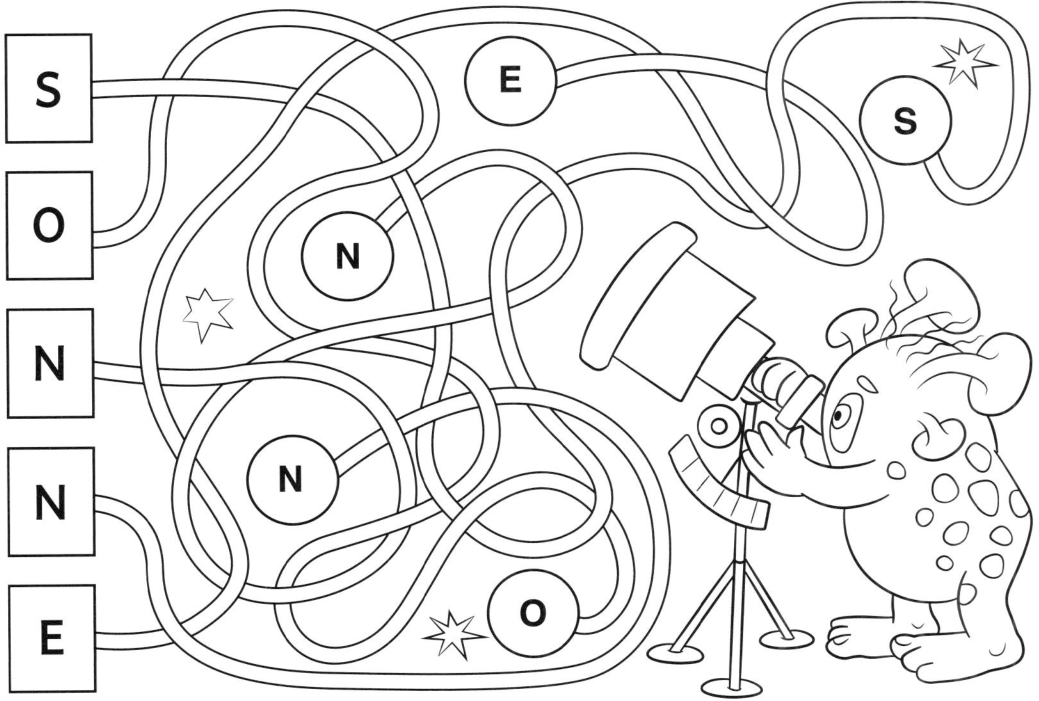

Schau genau – Doppelgänger gesucht

→ **Wer passt zusammen? Kreuze an.**

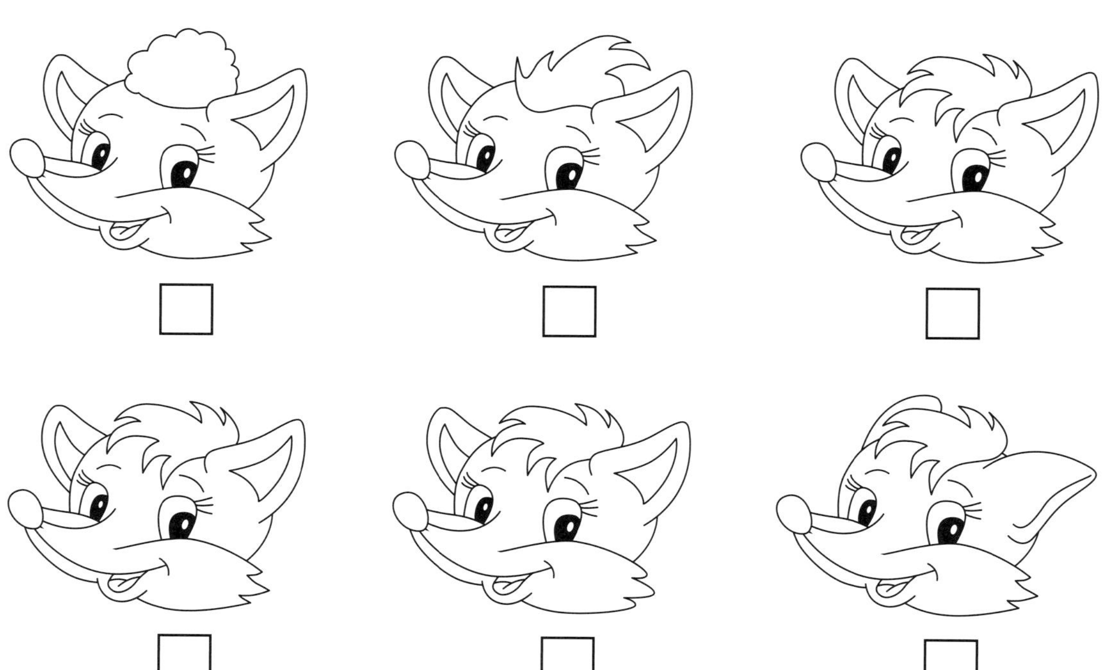

Schau genau – Doppelgänger gesucht

→ **Wer passt zusammen? Kreuze an.**

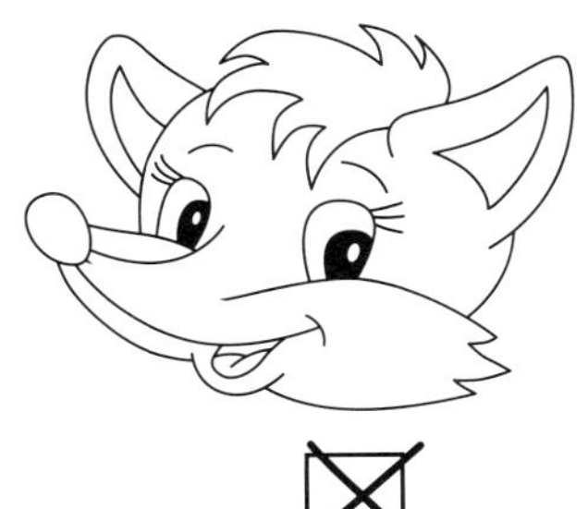

Schau genau – Labyrinth

→ **Finde den Weg.**

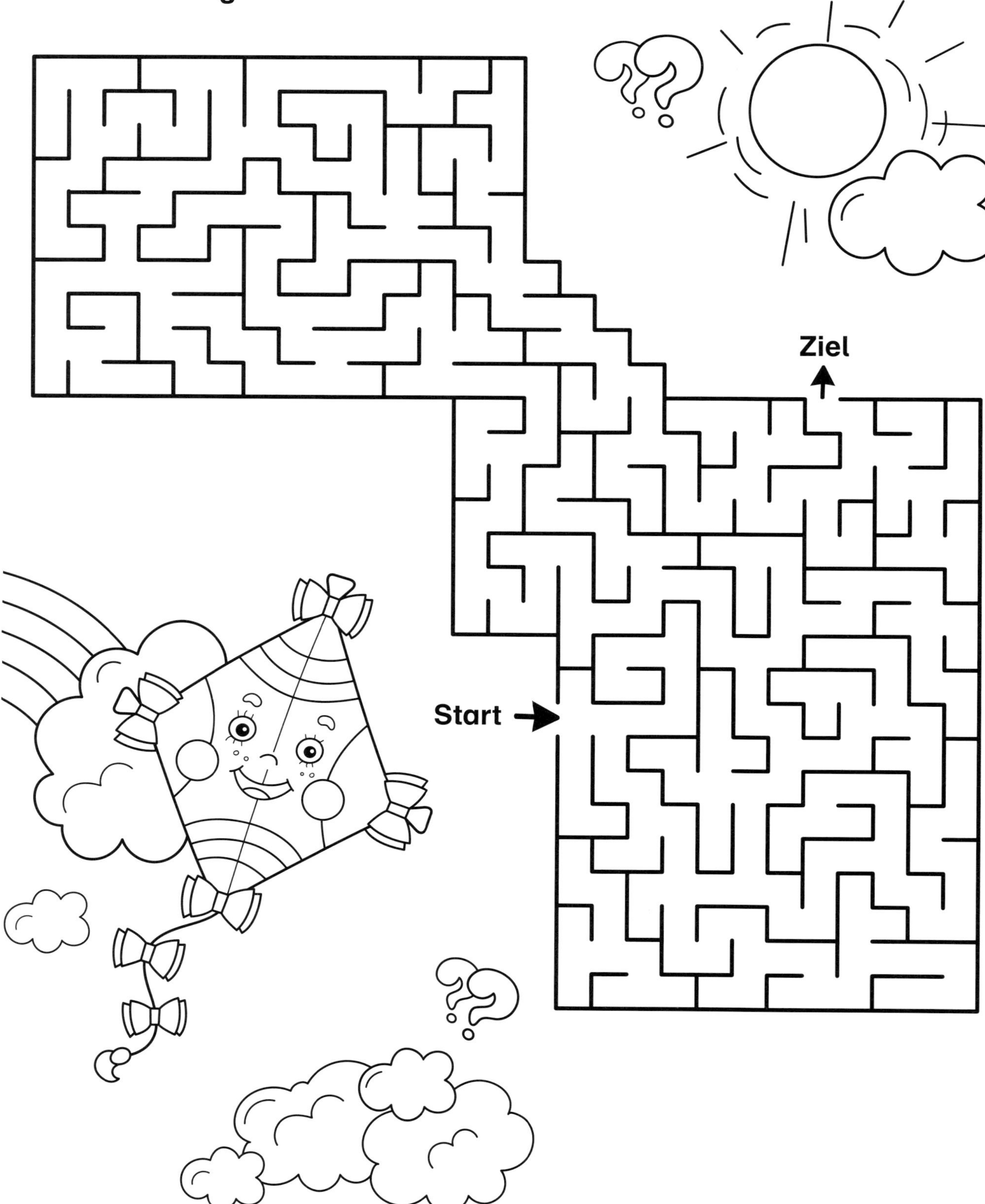

Schau genau – Labyrinth

→ **Finde den Weg.**

Ziel

Start

Schau genau – Blumenwiese

→ **Finde den Weg.**

Du kannst nur über <u>verbundene Blumen</u> gehen.

Schau genau – Blumenwiese

→ **Finde den Weg.**

Du kannst nur über verbundene Blumen gehen.

Ziel

Start

Bild- und Wortübungen

Finde die Reimwörter

→ **Verbinde.** 

→ **Schreibe.** Kuh und Schuh

Finde die Reimwörter

Lösung

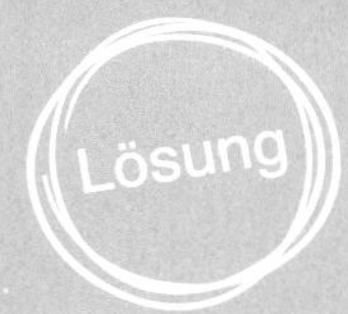

→ **Verbinde.**

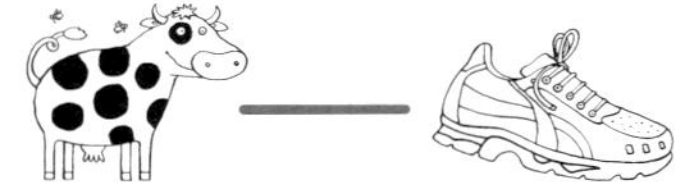

→ **Schreibe.** Kuh und Schuh

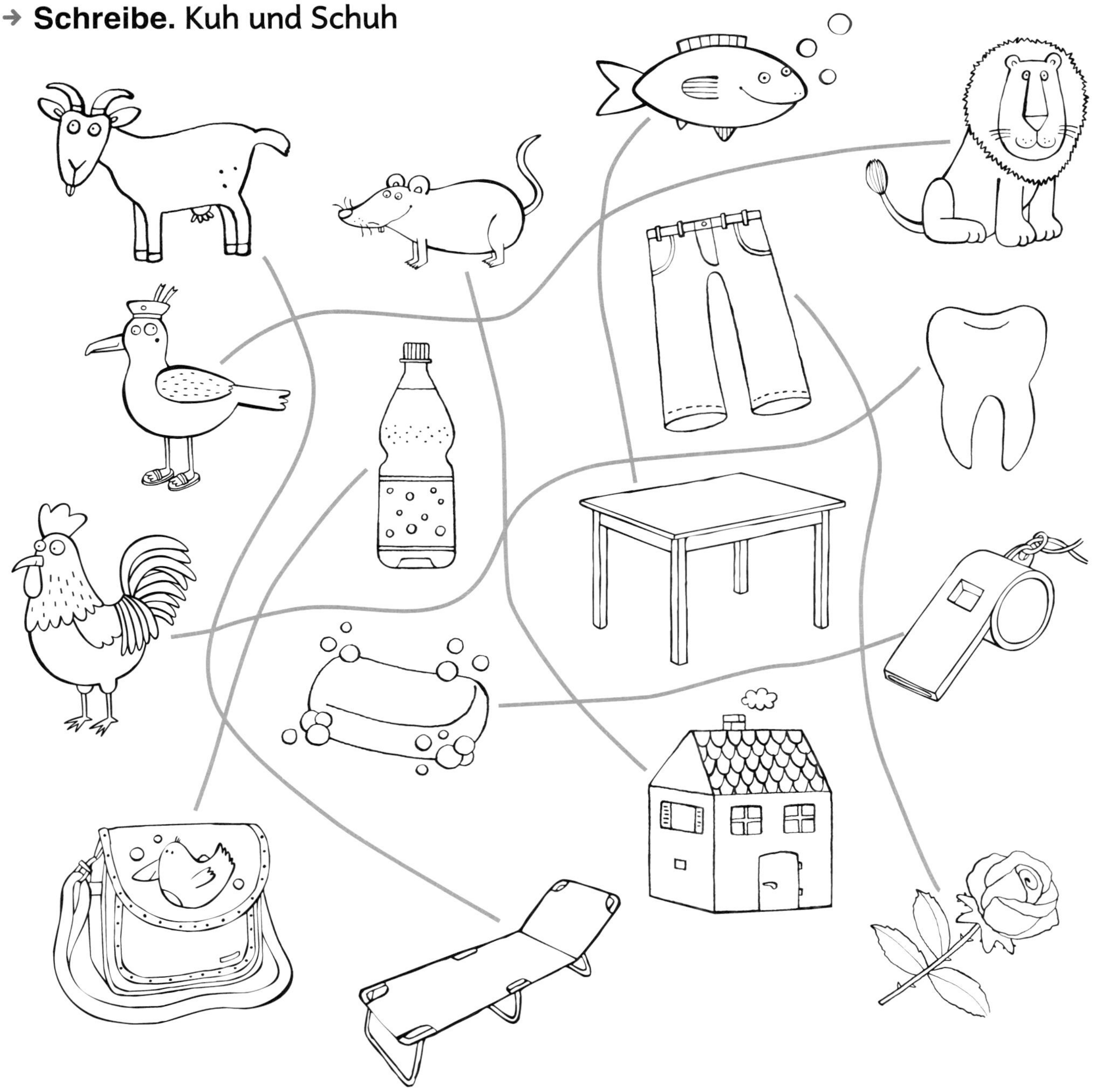

Hose und Rose	Hahn und Zahn
Löwe und Möwe	Liege und Ziege
Fisch und Tisch	Haus und Maus
Tasche und Flasche	Seife und Pfeife

Was gehört sinngemäß zusammen?

→ **Verbinde.**

→ **Schreibe.** Nest und Vogel

Was gehört sinngemäß zusammen?

Lösung

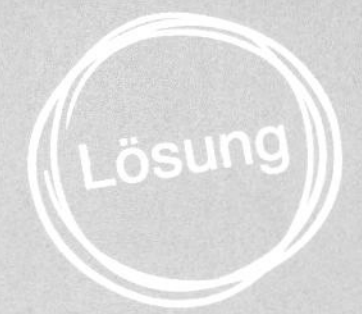

→ **Verbinde.**

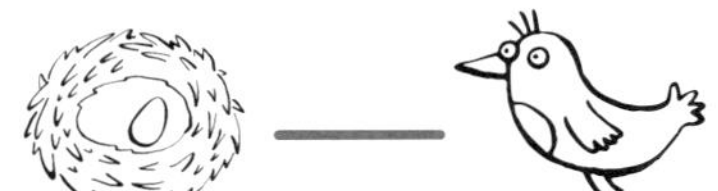

→ **Schreibe.** Nest und Vogel

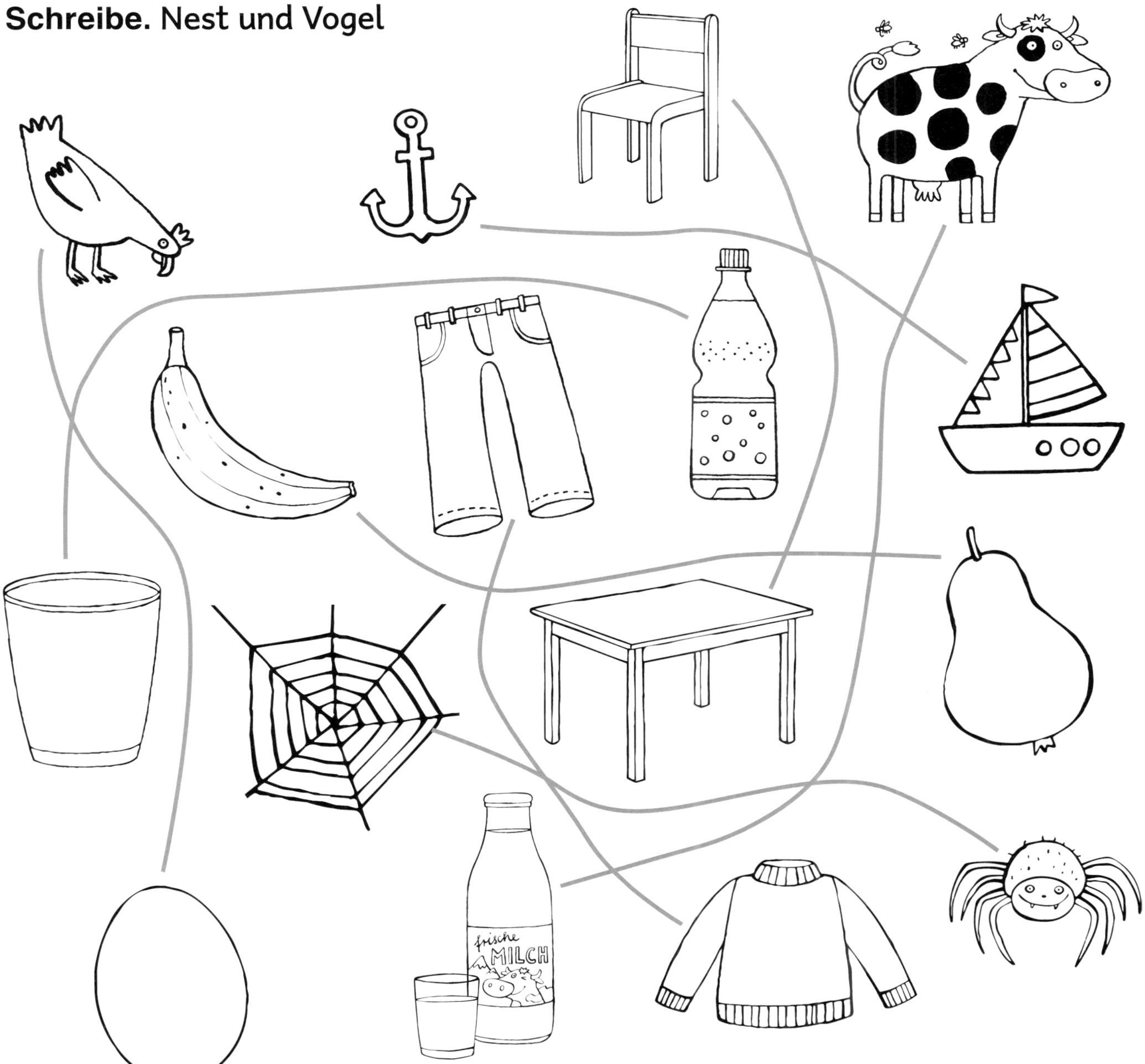

Huhn und Ei

Tisch und Stuhl

Hose und Pullover

Schiff und Anker

Milch und Kuh

Flasche und Glas

Banane und Birne

Spinne und Netz

Gleich und doch nicht gleich

→ **Verbinde.**

Gleich und doch nicht gleich

Lösung

→ **Verbinde.**

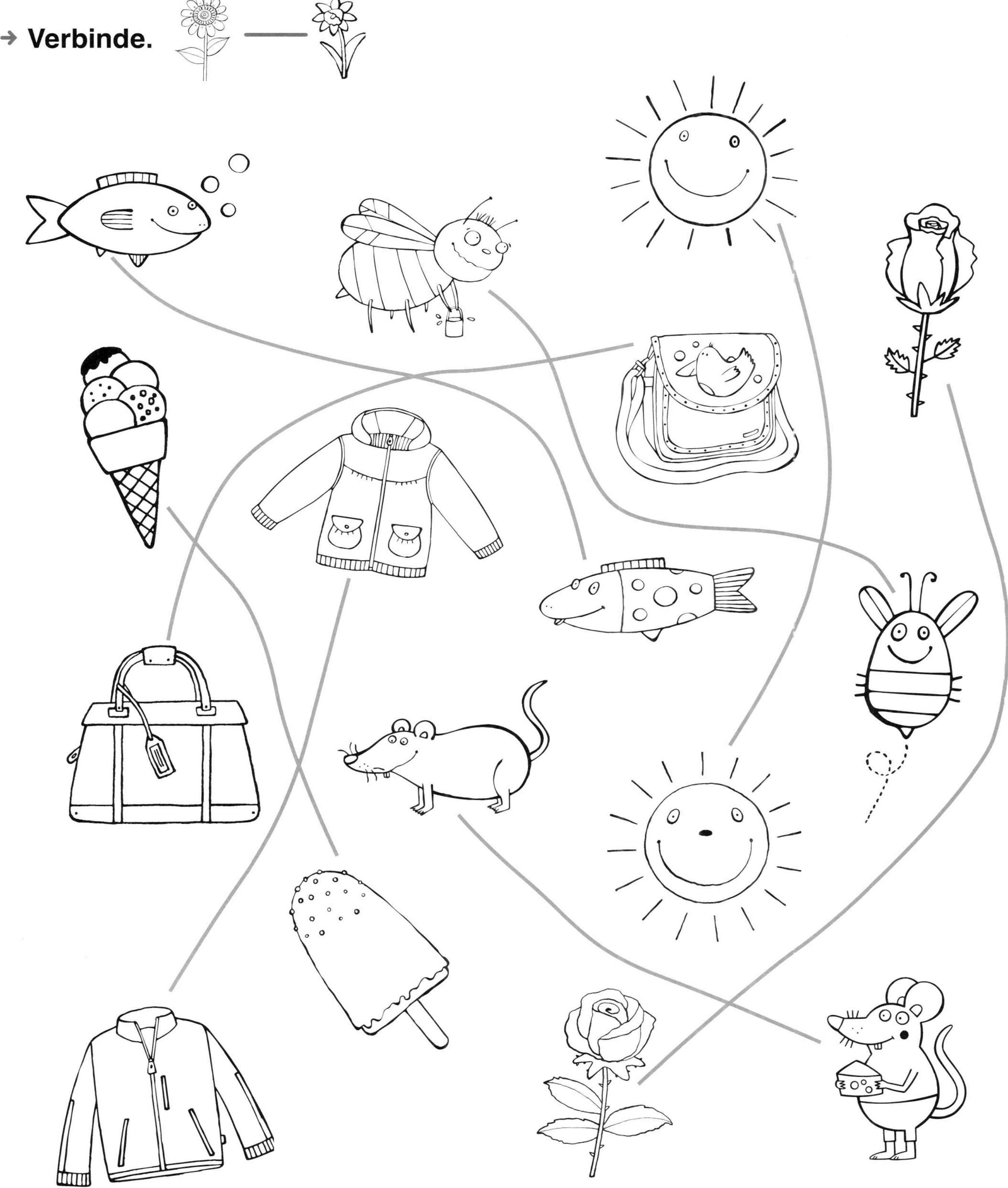

Ein Buchstabe zu viel

→ **Streiche durch.**

→ **Schreibe.**

1. WOESPE ....
2. TAGSCHE ....
3. BARLL ....
4. APTFEL ....
5. SPRORT ....
6. PFROSCH ....
7. KNAULL ....
8. KOLPF ....
9. PALUSE ....
10. BEUTZEL ....
11. MAHUS ....
12. HALND ....
13. MILSCH ....

Ein Buchstabe zu viel

➔ **Streiche durch.**

➔ **Schreibe.**

1. WOESPE **WESPE**
2. TAGSCHE **TASCHE**
3. BARLL **BALL**
4. APTFEL **APFEL**
5. SPRORT **SPORT**
6. PFROSCH **FROSCH**
7. KNAULL **KNALL**
8. KOLPF **KOPF**
9. PALUSE **PAUSE**
10. BEUTZEL **BEUTEL**
11. MAHUS **MAUS**
12. HALND **HAND**
13. MILSCH **MILCH**

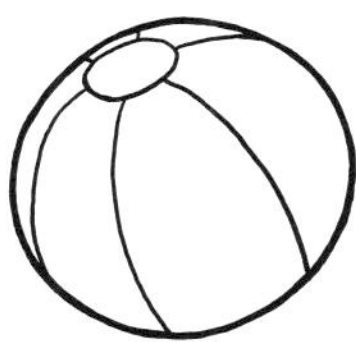

Schneekristall-Suche

→ **Was fehlt?**

→ **Schreibe. Jedes Bild kommt 2-mal vor.**

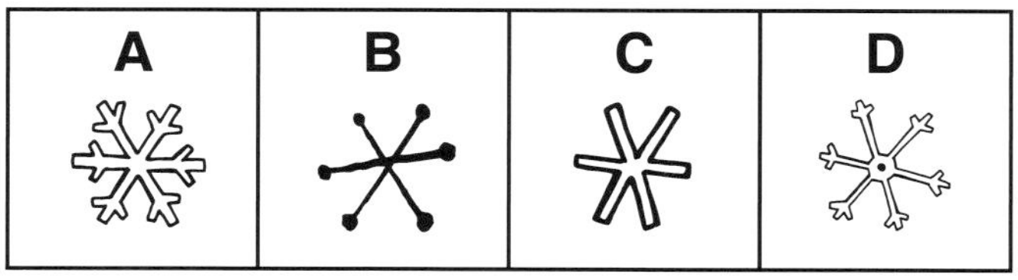

A	B	C	D

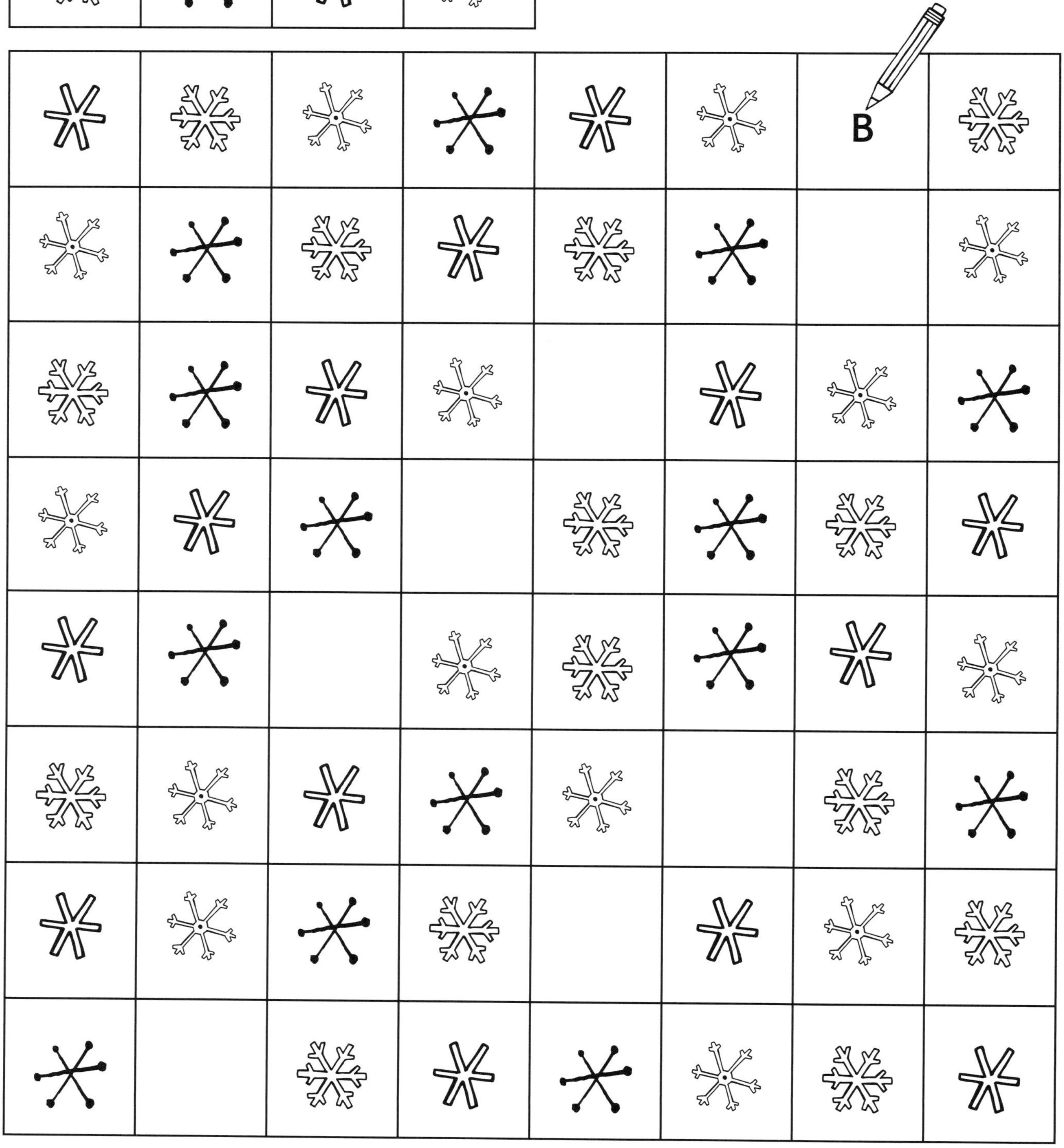

B

Schneekristall-Suche

→ **Was fehlt?**

→ **Schreibe. Jedes Bild kommt <u>2-mal</u> vor.**

A	B	C	D

						B	
						C	
				A			
			D				
		A					
					C		
				B			
	D						

Wie geht es weiter? – Obst und Gemüse

→ **Schreibe.**

→ **Male.**

A	B	A	B	A	= B
A	B	C	A	B	=
A	A	B	B	A	=
A	B	B	A	B	=
A	B	C	A	B	=
A	A	B	A	A	=

Wie geht es weiter? – Obst und Gemüse

Lösung

→ **Schreibe.**

→ **Male.**

A	B	A	B	A	= B
A	B	C	A	B	= C
A	A	B	B	A	= A
A	B	B	A	B	= B
A	B	C	A	B	= C
A	A	B	A	A	= B

Wie geht es weiter? – Zahlen

→ **Schreibe.**

3	5	7	9	11
6	8	10	12	
1	5	9	13	
2	4	6	8	
4	7	10	13	
17	15	13	11	
19	16	13	10	
20	16	12	8	

Wie geht es weiter? – Zahlen

→ **Schreibe.**

3	5	7	9	11
6	8	10	12	14
1	5	9	13	17
2	4	6	8	10
4	7	10	13	16
17	15	13	11	9
19	16	13	10	7
20	16	12	8	4

Dreherei

→ **Drehe die Zahl <u>im Kopf</u>.**

→ **Schreibe.**

3	3	3	3
7	7	7	
2	2	2	
9	9	9	

→ **Drehe den Buchstaben <u>im Kopf</u>.**

→ **Schreibe.**

A	A	A	A
D	D	D	
T	T	T	
B	B	B	

Dreherei

→ **Drehe die Zahl <u>im Kopf</u>.**

→ **Schreibe.**

3	3	3	3
7	7	7	7
2	2	2	2
6	9	6	6

→ **Drehe den Buchstaben <u>im Kopf</u>.**

→ **Schreibe.**

A	A	A	A
D	D	D	D
T	T	T	T
B	B	B	B

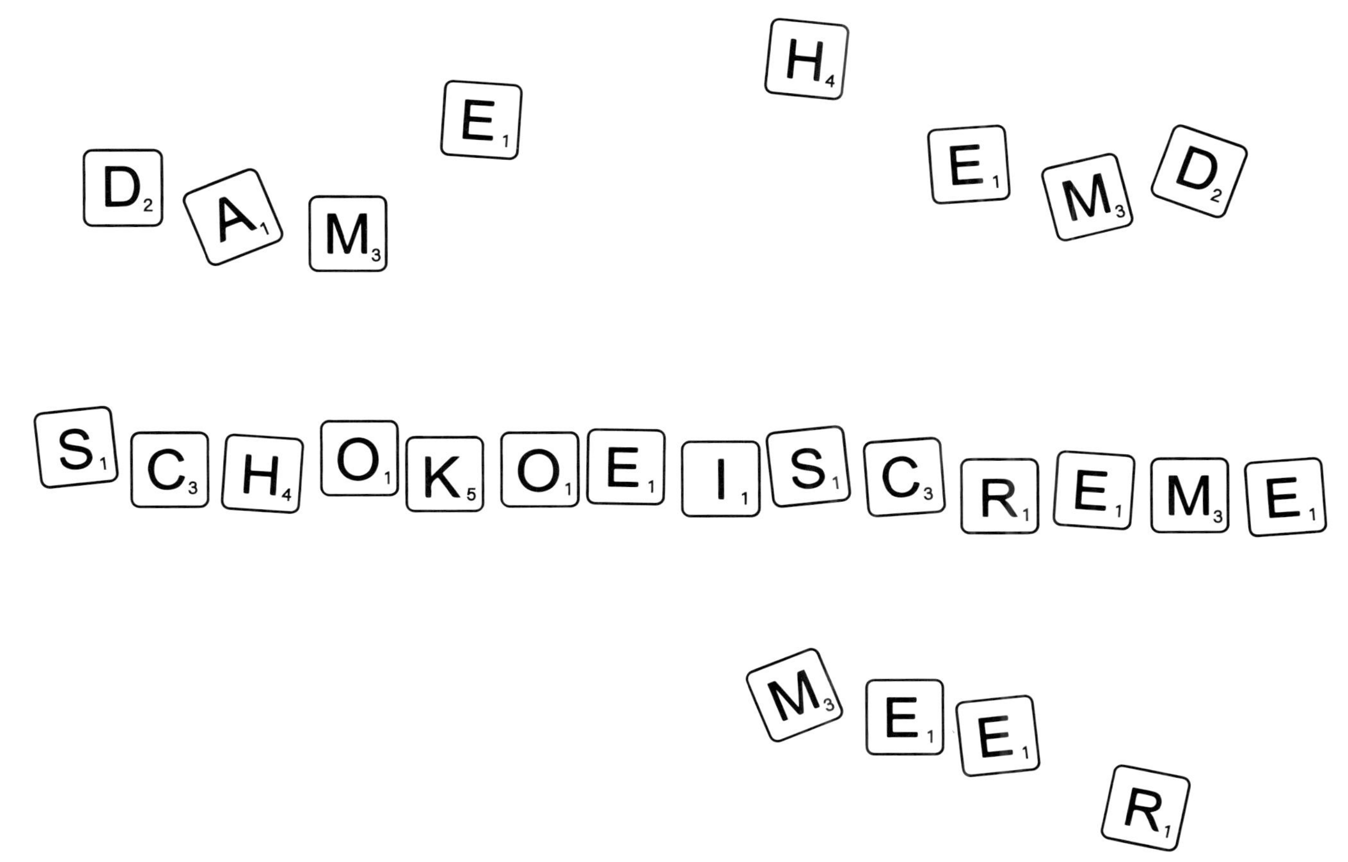

Übungen ohne Stift und Papier

Finde die Reimwörter

→ **Durchführung:**
Bei dieser mündlichen Übung sollen die Schüler*innen das passende Reimwort (**fett** gedruckt) ergänzen.

→ **Beispiel:**
Lehrkraft: „Kein Blumenstrauß ohne Vase,
kein Gesicht ohne …“
Klasse: „Nase“

Kein Rasen ohne *Klee*, kein Winter ohne **Schnee**.

Kein Schrank ohne *Fach*, kein Haus ohne **Dach**.

Kein Schlaf ohne *Traum*, kein Wald ohne **Baum**.

Kein Friseur ohne *Kamm*, keine Tafel ohne **Schwamm**.

Kein Bleistift ohne *Mine*, kein Honig ohne **Biene**.

Kein Bauer ohne *Stall*, kein Tennis ohne **Ball**.

Kein Unfall ohne *Schaden*, kein Sommer ohne **baden**.

Kein Himmel ohne *Sterne*, kein Apfel ohne **Kerne**.

Kein Auto ohne *Tank*, kein Park ohne **Bank**.

Keine Schafe ohne *Wiese*, kein Märchen ohne **Riese**.

Kein Geburtstag ohne Feier, keine Hühner ohne **Eier**.

Keine Küche ohne *Schüssel*, keine Tür ohne **Schlüssel**.

Keine Blume ohne *Duft*, kein Reifen ohne **Luft**.

Kein Kutscher ohne *Kutsche*, kein Freibad ohne **Rutsche**.

Keine Küche ohne *Herd*, kein Reiter ohne **Pferd**.

Finde das Gegenteil

→ **Durchführung:**
Bei dieser mündlichen Übung sollen die Schüler*innen das passende Gegenteil (**fett** gedruckt) ergänzen.

→ **Beispiel:**
Lehrkraft: „Ein Löwe ist laut, eine Maus ist …“
Klasse: „leise“

Tipp:
Sie können auch nur die ersten Adjektive (*kursiv*) vorlesen und die Schüler*innen sollen das passende Gegenteil (**fett**) dazu finden.

Ein Riese ist *groß*, ein Zwerg ist **klein**.

Eine Suppe ist *heiß*, ein Eis ist **kalt**.

Oma und Opa sind *alt*, ich bin **jung**.

Ein Würfel ist *eckig*, ein Ball ist **rund**.

Ein großer Stein ist *schwer*, eine Feder ist **leicht**.

Eine Schnecke ist *langsam*, ein Rennpferd ist **schnell**.

Eine Zitrone ist *sauer*, Schokolade ist **süß**.

Am Tag ist es *hell*, in der Nacht ist es **dunkel**.

Manche Beine sind *lang*, andere sind **kurz**.

Ein Vogel im Käfig ist *gefangen*, ein Vogel in der Natur ist **frei**.

Eine Nussschale ist *hart*, ein Kopfkissen ist **weich**.

Am Montag ist der Laden *offen*, am Sonntag ist er **geschlossen**.

Was fällt dir dazu ein?

→ **Durchführung:**
Bei dieser mündlichen Übung dürfen Ihre Schüler*innen frei assoziieren. Geben Sie ihnen dazu einen der nachfolgenden Oberbegriffe vor. Die Schüler*innen sollen alles nennen, was ihnen zu diesem Oberbegriff einfällt. Die Antworten können Sie an der Tafel sammeln.

Beispiele für Oberbegriffe und mögliche Assoziationen:

Schule: Klassenarbeit, Tafel, Schulhof, Pause, Lehrer*in …

Zirkus: Clown, Löwe, Akrobat*in, Zirkuszelt, Manege …

Bauernhof: Stall, Hahn, Schwein, Kuh, Milch …

Zoo: Gehege, Elefant, Streichelzoo, Seelöwe, Futter …

Frosch: grün, Wasser, Märchen, quaken, Kaulquappe …

Meer: Welle, tauchen, schwimmen, Fisch, rauschen …

Sommer: Freibad, Sonne, Eisdiele, Hitze, Jahreszeit …

weich: Feder, Butter, Ei, Kissen, Fell …

hart: Brot, Knochen, Holz, Stein, Ei, Stuhlsitz …

schmal: Weg, Brücke, Brett, Tür, Schachtel …

rund: Ball, Teller, Uhr, Murmel, Verkehrskreisel …

rot: Tomate, Erdbeere, Feuerwehrauto, Ampel, Blut …

gelb: Zitrone, Briefkasten, Sonnenblume, Ananas …

grün: Frosch, Gras, Tafel, Gurke, Laub …

blau: Tinte, Himmel, Auge, Kornblume, Martinshorn …

Allerlei Tätigkeiten

→ **Durchführung:**
Bei dieser mündlichen Übung sollen die Schüler*innen die passende Tätigkeit (**fett** gedruckt) ergänzen.

→ **Beispiel:**
Lehrkraft: „Zähne soll man …"
Klasse: „putzen"

Schmutzige Wäsche muss man …	**waschen.**
Nüsse kann man …	**knacken.**
Musik kann man …	**hören.**
Haare kann man …	**kämmen, schneiden,** …
Kartoffeln kann man …	**schälen, kochen, essen** …
Mit Scheren kann man …	**schneiden.**
Eine Haustür kann man …	**öffnen, (ab)schließen** …
Auf einen Berg kann man …	**klettern, steigen.**
Ein Auto kann man …	**fahren, auftanken,** …
Äpfel kann man vom Baum …	**pflücken.**
Geld kann man …	**ausgeben, sparen,** …
Ein Buch kann man …	**lesen, (aus)leihen,** …
In einem Chor kann man gemeinsam …	**singen.**
Über einen Clown oder Witz kann man …	**lachen.**
In einem Labyrinth kann man sich …	**verirren.**
Ein Gummiball kann …	**springen.**
Beim Versteckspiel muss man jemanden …	**suchen.**
Einen vollen Mülleimer muss man …	**leeren.**

Neue Wörter suchen

→ **Durchführung:**

Für diese Übung brauchen Sie eine Tafel. Schreiben Sie das Wort „SCHOKOLADENEISCREME“ in Großbuchstaben an. Die Schüler*innen sollen dann mit den Buchstaben des vorgegebenen Wortes möglichst viele neue Wörter bilden. Es dürfen dabei nur die Buchstaben verwendet werden, die das Wort vorgibt, aber es müssen nicht alle benutzt werden. Sammeln Sie die neuen Wörter an der Tafel. Wurde ein Wort gefunden, dürfen für das nächste Wort wieder alle Buchstaben verwendet werden.

Für eine bessere Übersicht über die genannten Wörter empfiehlt es sich, buchstabenweise nach neuen Wörtern suchen zu lassen.

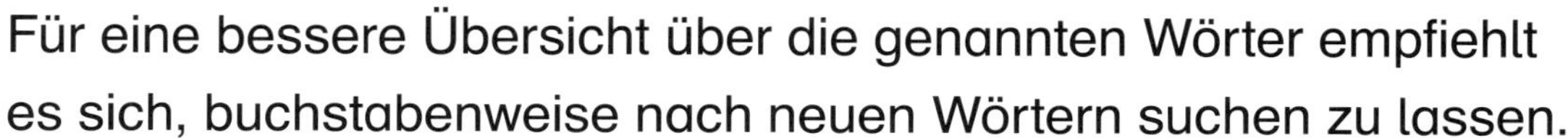

Mögliche Wörter:

Sache – Schaden – Schein – Seil – Sohle – Sahne – Samen – Socken …

Chor – Chlor – Charme – Chrom – China – Chinese …

Hose – Hase – Heide – Heim – Hocker – Hals – Hemd – Helm – Hand …

Oder – Onkel – Ohr – Oskar – Ochse – oder – Oma – Oslo …

Kohlen – Kasse – Kissen – Karl – Karin – Kai – Krise – Krach – Koch …

Laser – Laden – leise – Lack – lachen – lahm – Lisa – Loch – leer …

Ader – Asche – Amen – Arm – Anis – Arche – Ass – Arme – Alm …

Dame – dein – Dorsch – Denise – Dohlen – Diener – Darm – Dose …

Esche – Eis – Eiche –Erna – Ende – Eimer – Ehre – Ehe – Erik …

nah – noch – nass – Neid – Nase – Nadel – Name – Niko – Nina …

Isar – Ina – Irma – Idee – ich – Irland – Imker – Inka – Inder – Ilse …

Rahmen – Ross – Riese – Reise – Rose – rasch – Reis – Reim …

Meer – Mond – Mais – Made – Mark – Moos – Mode – Maik …

Fingertippen und buchstabieren

Durchführung:
Schreiben Sie eines der folgenden Wörter an die Tafel:

AKROBAT – ZITRONE – ELEFANT – ROBOTER – GEBIRGE

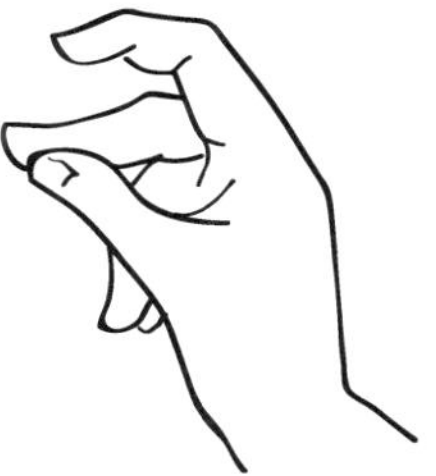

Üben Sie dann mit den Schüler*innen das Fingertippen ein:

Zuerst tippen die Zeigefinger auf die Daumen, dann die Mittelfinger, die Ringfinger und die Kleinfinger.

Liegen beide Kleinfinger auf den Daumen, wandern die Finger wieder zurück: Die Ringfinger tippen auf die Daumen, dann wieder auf die Mittelfinger und zum Schluss auf die Zeigefinger.

Führen Sie dieses Tippen einige Male vorwärts und rückwärts durch.

Anschließend buchstabieren Sie das erste Wort „AKROBAT“: Tippen Sie bei jedem Buchstaben die Finger an, beginnend bei „A“ mit Daumen und Zeigefingern und endend bei „T“ mit Daumen und Zeigefingern.

Tipp:
Für diese Übung empfiehlt sich ein Halbkreis vor der Tafel („Kinositz“). So können die Kinder Ihre Finger gut sehen und Sie können bei gutem Gelingen ein anderes Wort anschreiben.
Sie können sich auch gemeinsam mit den Schüler*innen neue Wörter überlegen. Achten Sie darauf, dass die Wörter sieben Buchstaben haben.

Bewegungsspiele

Erde, Luft oder Wasser?

Für dieses Spiel wird ein Ball benötigt.

Sofern möglich, stellen sich die Schüler*innen im Kreis auf. Das Spiel kann aber auch im Sitzkreis oder am Platz gespielt werden. Achten Sie dann darauf, dass die Tische leer sind.

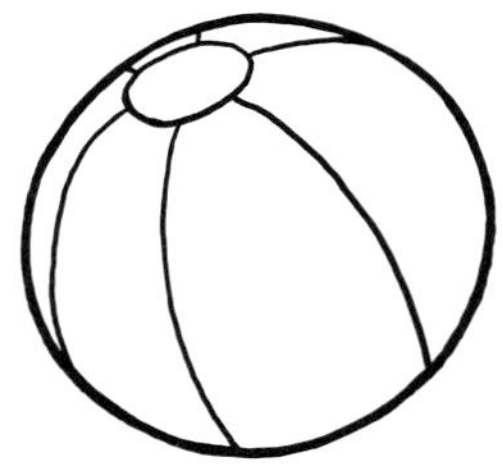

→ **Durchführung:**

Werfen Sie den Ball einem Kind zu und rufen Sie gleichzeitig entweder „Erde", „Luft" oder „Wasser".

Haben Sie „Erde" gerufen, soll das Kind ein Tier nennen, das auf oder in der Erde lebt, z. B. Hund oder Regenwurm.

Hat das Kind einen passenden Begriff genannt, wirft es den Ball einem anderen Kind zu und ruft gleichzeitig „Erde", „Luft" oder „Wasser".

Bei der Vorgabe „Luft" sollen Tiere genannt werden, die in der Luft fliegen, z. B. Schmetterling, Amsel oder Libelle.

Ebenso soll bei „Wasser" nicht einfach Fisch gesagt werden, sondern z. B. Forelle, Wal oder Delfin.

Hinweis: Die Schwierigkeit bei diesem Spiel besteht darin, den Ball zuzuwerfen und gleichzeitig einen Begriff zuzurufen.

Bewegte Buchstaben

Dieses Spiel können die Schüler*innen gut an ihrem Platz durchführen. Dafür stellen sie sich am besten hinter ihren Stuhl. Weiterhin sollten sie für das Spiel das Alphabet bereits kennen.

→ **Durchführung:**

Die Schüler*innen sprechen gemeinsam laut und langsam das Alphabet.

Bei Buchstaben mit einer Rundung

B – C – D – G – J – O – P – Q – R – S – U

sollen die Schüler*innen mit den Füßen auf den Boden aufstampfen.

Bei Buchstaben ohne Rundung

A – E – F – H – I – K – L – M – N – T – V – W – X – Y – Z

sollen die Schüler*innen in die Hände klatschen.

Führen Sie die Übung am Anfang langsam durch und steigern Sie dann allmählich nach und nach das Tempo.

Tipp:

Als Hilfestellung können Sie das Alphabet in Großbuchstaben an die Tafel schreiben.
Als Variante können die Schüler*innen das Alphabet auch rückwärts aufsagen und dabei die Bewegungen ausführen.

Hoch hinauf oder nicht

Das Spiel wird im Sitzen gespielt, entweder am Platz oder im Stuhlkreis.

→ **Durchführung:**

Die Finger trommeln leicht auf der Tischplatte oder auf den Oberschenkeln.

Geben Sie nachfolgende Begriffe vor:

Bei Gegenständen, die fliegen können, klatschen die Schüler*innen in die Hände oder schnippen mit den Fingern.

Bei Tieren, die fliegen können, sollen die Schüler*innen beide Arme nach oben strecken.

Bei Flugobjekten sollen die Schüler*innen einmal kurz aufstehen.

Bei allen anderen Begriffen (nicht fett) trommeln die Hände immer wieder auf die Tischplatte oder auf die Oberschenkel. Alternativ können die Arme auch vor der Brust überkreuzt werden.

Mögliche Begriff-Sammlungen für die Übung:

Hubschrauber – Kaktus – ***Schmetterling*** – **Frisbee** – Holunder – ***Amsel*** – **Pfeil**

Drachen – Kalender – ***Kuckuck*** – **Flugzeug** – Streichholz – ***Adler*** – Nashorn

Luftballon – Fuchs – Kugelschreiber – ***Storch*** – Kopfhörer – **Zeppelin**

Libelle – **Segelflugzeug** – Kette – ***Fledermaus*** – Wurst – **Speer** – **Jet**

Wörter-Pantomime

Die Schüler*innen stehen idealerweise im Kreis oder so, dass sie sich gut sehen können und etwas Platz haben.

➜ **Durchführung:**

Die Schüler*innen überlegen sich ein Nomen mit vier Buchstaben. Jeder Buchstabe des Wortes soll pantomimisch dargestellt werden. Dazu überlegt sich jedes Kind eine Bewegung, die mit dem jeweiligen Buchstaben beginnt.

Dann darf ein Kind sein Nomen darstellen. Die anderen Kinder versuchen, das Wort zu erraten. Das Kind, das das Wort als erstes erraten hat, darf mit seiner Wort-Pantomime weitermachen.

➜ **Beispiel:**

Nomen: „Haus“
Bewegungen: **h**usten – **a**ufheben – **u**mdrehen – **s**chnuppern

Tipp:
Als Alternative können Sie auch das Bewegungsspiel **„Luftwörter“** spielen. Hierzu werden die Buchstaben des Wortes in die Luft gemalt und die Kinder versuchen, das Wort zu erraten.

Sportliche Bewegungskette

Bei diesem Spiel sollen die Schüler*innen eine passende Bewegung zu einer Sportart vormachen. Dazu benötigen sie etwas Platz und sollten so stehen, dass sie sich gut sehen können.

→ **Durchführung:**

Das Spiel wird nach den bekannten Regeln von „Ich packe meinen Koffer“ gespielt. Die Schüler*innen machen nacheinander eine für eine Sportart typische Bewegung vor und reihen diese aneinander.

→ **Beispiel:**

Kind A macht eine Schwimmbewegung vor, die anschließend von allen nachgemacht wird.

Kind B tritt imaginär nach einem Ball.

Anschließend wird zuerst die Schwimmbewegung wiederholt und dann der imaginäre Tritt nach einem Ball durchgeführt.

Kind C läuft auf der Stelle.

Nun wird wieder zuerst die Schwimmbewegung wiederholt, dann der Tritt nach dem Ball und auf der Stelle gelaufen.

Haben alle Schüler*innen eine Bewegung vorgemacht und gemeinsam alle Bewegungen durchgeführt, können zum Abschluss des Bewegungsspiels alle Bewegungen noch einmal rückwärts gemacht werden.

Mach etwas anderes

Die Schüler*innen stehen idealerweise im Kreis oder so, dass sie sich gut sehen können und etwas Platz haben.

→ **Durchführung:**

Gespielt wird reihum.

Ein Kind beginnt und nennt eine Übung, z. B. „Ich hüpfe auf einem Bein“. Diese Bewegung führt es jedoch nicht aus, sondern dreht sich einmal um die eigene Achse.

Das rechte Nachbarkind macht die von dem vorherigen Kind genannte Übung „Ich hüpfe auf einem Bein“ und gibt dabei die nächste Bewegung vor, z. B. „Ich werfe einen Ball in die Luft“.

Das nächste Kind muss nun so tun, als würde es einen Ball in die Luft werfen, und nennt wiederum eine andere Übung.

Alternativ kann man auch nur Körperteile benennen.

→ **Beispiel:**

Kind A zeigt auf das linke Ohr und sagt:
„Das ist meine Nase“.

Kind B zeigt auf seine Nase sagt:
„Das ist mein rechtes Knie“.